Christian Kuster

Endlich Mann sein

Christian Kuster

Endlich Mann sein

Das große Abenteuer zu sich selbst zu finden

camino.

1. Auflage 2018
Ein camino.-Buch aus der

Umschlaggestaltung: Franziska Barczyk, Toronto/New York
Gestaltung und Satz: wunderlichundweigand, Schwäbisch Hall
Druck und Bindung: Finidr s.r.o., Český Těšín, Tschechische Republik

www.caminobuch.de

ISBN 978-3-96157-069-0

Auch als E-Book erhältlich unter
ISBN 978-3-96157-981-5

Inhalt

Vorwort

„Endlich Mann sein“, das klingt so, als ob wir (noch) keine Männer wären, als ob wir noch werden müssten, die wir sind, als ob es gar nicht selbstverständlich sei, männlich zu sein, was uns doch erblich bedingt von Geburt an prägt und ausmacht.

Mann sein ist in der Tat ein Prozess, eine Genese, wenn man so will. Und diese Entwicklung ist zeitlebens nicht abgeschlossen. Das ist die große Gefahr, aber auch die riesengroße Chance im Leben eines jeden von uns. Wir sind nicht dazu verdammt, dieselben alten und verbrauchten Muster täglich neu zu zementieren – aber es kostet Einsicht und Willenskraft, dem schleichenden Rhythmus der lähmenden Bequemlichkeit zu entgehen. Stillstand im Sinne verweigerter Entwicklung ist nämlich – spirituell gesehen – Sünde. Alles im Leben verlangt nach Wachstum im guten Sinne des Wortes, nach Bewegung, nach Veränderung, nach Weiterentwicklung.

Naturgemäß scheuen die meisten Männer diesen Prozess der Wandlung, doch genau das ist mit männlicher Spiritualität gemeint: Werdung, Selbstüberschreitung hin zu dem Bild, das mir ursprünglich zugedacht ist: „Gott erschuf den Menschen als sein Bild, als Bild Gottes erschuf er ihn. Männlich und weiblich erschuf er sie.“ (Gen 1,27)

So gesehen beruht unser Mannsein nicht so sehr auf einem Willens- und Schaffensakt des Mannes alleine, es ist vielmehr ein Geschehen- und Zulassen jener Wirklichkeit, die bereits in uns lebt und wie ein Ungeborenes ins volle Leben geholt werden möchte. Das ist nicht einfach und oft erst das Ergebnis eines jahrelang eingeübten Lernprozesses.

Das Buch möchte Sie auf diesem abenteuerlichen Weg der Selbstentdeckung in ein neues, selbstbestimmtes Leben als Mann begleiten. Dieser Weg nach innen – wir werden Gott draußen nicht finden – ist gerade in der zweiten Lebenshälfte von größter Bedeutung. Das Buch vermag Ihnen viele wertvolle Impulse zu geben, die alle eines gemeinsam haben: Sie haben sich im Leben vieler Männer bewährt, sie sind einfach umzusetzen und stiften heute schon Erkenntnisse, die auf persönlicher Erfahrung beruhen und auch Sie in positiver Weise beeinflussen können.

Die richtige Entscheidung treffen

> Ein Mann fragt seinen Freund: „Was soll ich tun? Soll ich meine Frau verlassen? Soll ich bei ihr bleiben? Sie sagt: ‚Ich liebe dich nicht mehr!' – Und ich weiß nicht, ob sie das ernst meint, oder ob sie will, dass ich um ihre Liebe kämpfe …"

Was soll ich tun? Wie soll ich mich entscheiden? Welchen Weg soll ich gehen? Woran erkenne ich, was für mich gut und richtig ist? „Dein Wille geschehe, wie im Himmel, so auf Erden", diese Bitte aus dem Vaterunser ist vielen Männern bekannt. Immer wieder fragen sie mich, z.B. auch in der geistlichen Begleitung, wie denn der Wille Gottes erkennbar sei, woran man also den echten Willen Gottes festmachen könne. Gibt es sozusagen verlässliche Kriterien, die uns dieses Geheimnis erschließen?

Viele Männer stehen vor der Wahl, diesen oder jenen Berufsweg zu gehen, diese oder jene Frau zu heiraten, diese oder jene Summe für ein bestimmtes Projekt zu investieren oder eben auch nicht. Sie fragen danach, wie es in Krisenzeiten mit ihrer Ehe oder Beziehung weitergehen soll, ob sie sich beruflich verändern sollen oder wie mit einer schweren Krankheit umzugehen ist. In vielen Fällen unseres Lebens ist guter Rat teuer, das betrifft nicht nur die großen Lebenswenden, sondern durchaus auch ganz alltägliche und kleine Entscheidungen wie z.B. die Erlaubnis für den Ausgang ihrer 15-jährigen Tochter oder die rechte Form für eine berufliche Anfrage beim Chef usw.

Etliche Männer fühlen sich in diesen Fragen buchstäblich im Regen stehen gelassen und dann passiert es, dass nicht sie selbst aus ihrer inneren Mitte heraus neue Weichen für ihr Leben stellen. Vielmehr werden die Weichen von äußeren Umständen über sie gestellt. Sie leben nicht selbsttätig, sie werden gelebt, sie werden in diverse Richtungen gelenkt, ohne dies ausdrücklich so zu wollen. Sie probieren vieles aus, doch mit jeder Türe, die sie öffnen und durchschreiten, schließen sich andere Optionen für immer. Das macht sie unzufrieden, unglücklich, traurig, aggressiv, zornig oder auch lethargisch. Sie ergeben sich dann tatenlos ihrem Schicksal, das sie überhaupt nicht mehr beeinflussen können, wie sie meinen. Der Weg zur Flasche ist dann oft nicht mehr weit, obwohl sie eigentlich wissen müssten, dass die Wahrheit zu zweit beginnt und vier Augen mehr sehen als zwei. Aber auch diesen Weg in die geistliche Begleitung scheuen viele Männer. Sie sind immer noch der Meinung, alleine der Beste sein zu müssen. Nach Manier von John Wayne möchten sie als einsamer Wolf gegen den Rest der Welt bestehen.

Die folgenden Regeln machen es uns leichter, gute Entscheidungen zu fällen. Sie gelten auch als Kriterien für ein maßvolles, gelingendes geistliches Leben.

Regel 1: Freude ist das Kriterium für gute Entscheidungen

Eigentlich ist es ganz einfach: Was uns Männer dauerhaft glücklich und zufrieden macht, was mit anhaltender Herzensfreude verbunden ist, das ist die Frucht der rechten Entscheidung. Ein junger Abiturent fragte mich in der geistlichen Begleitung: „Was soll ich nur studieren? Welchen Beruf soll ich wählen?“ Er war geknickt, weil es dermaßen viele Optionen gab – vom Schreiner bis hin zum diplomierten Pflegedienstmanager –, dass er die Orientierung völlig verlor. Ich habe ihm dann geraten: „Tu das, was dein Herz dir sagt. Informiere dich gut über deine beruflichen Möglichkeiten und geh dorthin, wo dir das Herz aufgeht, wo die Freude in dir wächst und wo sie auch bleibend zugegen ist.“ – Der junge Mann hat sich nach längerem Ringen für ein Sprachenstudium entschieden, weil er damit die meiste Freude und das größte Talent verband, die zum Glück auch heute noch anhalten.

Die Freude als Frucht gelungener Entscheidung ist kein immerwährendes, oberflächliches Glücksgefühl. Wir müssen sie als beständiges und tief gründendes, gutes Basisereignis verstehen, das uns auch in schweren Zeiten der Verunsicherung, des Zweifels, der Niederlagen nicht gleich aus der Bahn wirft.

Sehr oft sind Männer zerrissen zwischen ihren vielen Optionen. Eine multioptionale Zeit schafft viele Probleme, der nicht jeder Mann gleichermaßen gewachsen ist. Manche sind damit überfordert und da braucht es Klarheit. Man sagt auch, dass alles Übermaß den Menschen von innen her zerstöre. Deshalb ist es sinnvoll, seine Pläne auf eine Kurzformel zu reduzieren und sich der Frage zu stellen: „Wer bist du, wenn du deine Entscheidung getroffen hast? Wie fühlt sich das an?“ Wenn es dann gelingt, die eigenen Ziele auf eine gute und befreiende Kurzformel zu bringen, dann sind wir Männer schon einen großen Schritt weiter. Diese Kurzformel lautete für den jungen Abiturenten: „Ich studiere Sprachen, Französisch und Spanisch. Wenn meine Entscheidung, Sprachen zu studieren, gefällt ist, dann bin ich am Ziel meiner Irrfahrt angelangt, dann weiß ich, wo ich hingehöre, dann bin ich angehender Dolmetscher. Das fühlt sich gut an, weil ich dann nicht mehr hierhin und dorthin schielen muss, weil ich nicht das und jenes ausprobieren muss, sondern aus einem guten inneren Halt heraus mein Leben in selbst gewählter Freiheit führen kann.“

IMPULS

Besinnen Sie sich auf ihr Leben und überlegen Sie, was Ihnen im Blick auf bevorstehende Weichenstellungen wirklich Freude bereitet. Gehen Sie in Gedanken dorthin, lassen Sie sich von dieser Freude anstecken und leiten, es wird Ihre Entscheidung erleichtern.

Regel 2: Die Wahrheit beginnt zu zweit

Ich deute diese Aussage Friedrich Nietzsches so, dass wir uns alleine sehr leicht in dunkle Kanäle verstricken können. Wir brauchen oft jemanden, der uns ein Wort sagt, das uns weiterhilft, denn dies können wir uns nicht immer selber sagen. Vier Augen sehen mehr als zwei, deshalb gibt es ja in Schulen und auf Universitäten einen Zweitkorrektor, der die ersten Testkorrekturen der Schüler- und Studierenden noch einmal aus seiner Perspektive überblickt. Somit erhält die Benotung einen objektiveren Rahmen.

Ähnlich ist es auch in unserem Leben. Wir Männer müssen nicht alles mit uns alleine ausmachen. Es ist sinnvoll, sich in wichtigen Situationen dem Urteil anderer, uns nahestehender Menschen, z.B. guter Freunde, auszusetzen. Einem entscheidungsfreudigen Manager habe ich einmal geraten, seinen bereits gefassten Entschluss noch einmal mit seiner Frau zu überdenken. Und tatsächlich gab es Einwände ihrerseits und es kam sozusagen zu einer besseren Lösung für den Manager und seine Familie. Das ist natürlich schmerzhaft und demütigend, weil man in der Regel hinter seiner gefällten Entscheidung steht, aber es ist heilsam. Es ist weitblickender und letztlich für alle Beteiligten von Vorteil.

IMPULS

Legen Sie Ihre Pläne einem eng vertrauten Menschen dar. Bitten Sie ihn um seine Einschätzung und versuchen Sie diese nach gutem Ermessen auch in die Tat umzusetzen.

Regel 3: An der Vernunft führt kein Weg vorbei

Auch verrückte und außergewöhnliche Pläne müssen in deren letzter Konsequenz der menschlichen Vernunft standhalten. Völlig abwegige und diffuse Absichten haben in unserem Leben keinen Halt, sie stiften keinen tiefen Frieden, sie zerreißen uns von innen her. Die Kardinaltugend der Klugheit (gr. *phrónesis*, lat. *prudentia*) befähigt uns Männer zu angemessenem Handeln. Sie berücksichtigt dabei auch die ökonomischen Bedingungen, die uns ein Gelingen unseres Vorhabens von den vorhandenen Ressourcen her überhaupt erst möglich machen. Es wäre zum Beispiel sehr unklug, wenn ein Choleriker sich zur Ausbildung zum Heilerziehungspfleger interessieren würde, weil er mit seiner aufbrausenden Art den ihm Anvertrauten von vornherein nicht gerecht werden könnte.

„Ich habe es satt, ich fahre jetzt für drei Wochen nach Griechenland“, hat ein junger Ehemann auf schmollende Weise bei einem Männerseminar verkündet. Bei näherer Betrachtung der Umstände stellte sich heraus, dass dies von Berufs wegen gar nicht so einfach war. Außerdem hatte er eine Familie zu versorgen, mit der das Ganze noch nicht abgesprochen war. Wir Männer rieten dem jungen Mann, der sich offensichtlich in einer ersten, größeren Ehekrise befand, Vernunft zu bewahren und das Ganze in Ruhe abzuwägen. Wir versuchten ihm Wege aufzuzeigen, die seine Absicht neutralisierten, z.B. rieten wir ihm, doch mit seiner Frau dorthin zu reisen oder überhaupt einen Familienurlaub zu planen ...

IMPULS

Vernünftige Entscheidungen brauchen Zeit, sie wollen in der Regel nicht „aus dem Bauch heraus“ getroffen werden. Stecken Sie sich einen guten Zeitrahmen von drei Tagen, einer Woche oder auch

mehr und wägen Sie vernünftig ab, welche Ressourcen Sie haben, wohin Sie in Zukunft gehen möchten und wie Ihre Lebensgefährten, Familien oder guten Freunde darauf reagieren werden.

Regel 4: Geerdet und konkret

Viele Männer wähnen sich in dem Glauben, dass gute Entscheidungen heroisch und außergewöhnlich sein müssten. Das sind sie im Einzelfall auch. Aber in der Regel sind sie wirklich ganz konkret, ganz einfach, ganz banal und erdgebunden. Von uns wird nicht erwartet, dass wir die ganze Welt verändern. Es genügt, wenn wir unseren Schreibtisch aufräumen, unsere Kinder am Spielplatz abholen, den Müll ausleeren, den Rasen mähen, gelegentlich den Kochlöffel in die Hand nehmen, die Frau trösten, wenn sie traurig ist, die Schuhe putzen, unser Auto zum Service fahren, unserer Arbeit täglich nachgehen ...

Ich persönlich halte von den hehren, abgehobenen Plänen nicht sehr viel. Ihnen fehlt es an Erdung, an Bodenhaftigkeit und das kann für den Mann gefährlich werden. Er ist dann in Gefahr abzuheben, er wird hochmütig und verliert allmählich den Kontakt zum einfachen „Bodenpersonal“, er hält sich für etwas Besseres und geht auf diese Weise in die Isolation.

Die geerdete Entscheidung ruft in eine konkrete Situation ins „Hier und Jetzt“ hinein, sie meidet das „Irgendwann einmal“ und „Wenn-Sätze“. Darum gilt: Nichts aufschieben. Und nicht im Hinblick auf mein mögliches Morgen die Gelegenheit dieses Tages versäumen. Es gibt drei Kennzeichen für ein hingebungsvolles, bereitwilliges Leben: sogleich, freudig, ganz. Oftmals ist nicht von einem äußeren Orts-, Arbeits- und Partnerwechsel das Heil zu erwarten, sondern von einer inneren Neueinstellung, von einem Mehr an Lebenshingabe.

IMPULS

Seien Sie ehrlich zu sich selbst und schauen Sie genau, ob Ihr Vorhaben gut geerdet ist, ob es Bodenhaftung hat, ob es den alltäglichen Herausforderungen überhaupt gewachsen ist.

Regel 5: Überforderungen schaden uns

Diese Regel ist sehr entlastend. Ich erinnere mich daran, wie ich medial überladen als Lehrer von Schulklasse zu Schulklasse gehetzt bin, um den Jugendlichen möglichst viel beizubringen. Wenig davon blieb bei ihnen hängen und für mich war das alles sehr anstrengend und belastend. Dann bekam ich ein Fachbuch für Lehrer zur Hand, das von der Reduktion auf das Wesentliche sprach, z.B. von einer einzigen Bildbetrachtung, die sich über eine ganze Stunde hin erstreckte, oder von einem kurzen Text, der ein Stundenprogramm zu füllen vermochte. Dieses Buch hat in mir einen völlig neuen Lehransatz eingeleitet, den ich bis heute in vielen Zügen beibehalte. Man sagt ja auch: In der Kürze liegt die Würze.

Wir müssen uns nicht mit inneren und äußeren Ansprüchen überladen. Wir müssen der Traurigkeit und dem Disstress in unserem Leben keinen unnötigen Raum geben, denn die Traurigkeit führt zur Verbitterung und der Stress zur Flüchtigkeit und Nachlässigkeit. Wenn Männer darunter leiden, dass sie mehrere Aufgaben zugleich erhalten und erledigen müssen, können sie an diese Regel denken: Gott überfordert uns mit Sicherheit nicht, er lässt uns kleinen Schrittes dem großen Ziel entgegenschreiten.

IMPULS

Bedenken Sie, ob Sie der von Ihnen gestellten Aufgabe gewachsen sind. Wie fühlen Sie sich dabei? Sind Sie dem Kommenden gewachsen oder fühlen Sie sich überfordert? Löst es bei Ihnen Freude und Zuversicht aus oder macht es Sie ängstlich?

Regel 6: Widerhall im Leben Jesu?

Diese Regel ist uralt, denn es macht Sinn, für alles, was wir tun, eine Bestätigung in der Heiligen Schrift zu suchen. Der Maßstab guten Handelns ist für christliche Männer Jesus selbst, dem wir durch unsere Entscheidungen ähnlicher werden sollen. Das merken wir auch daran, wenn wir durch unsere Vorhaben demütiger und kleiner werden. Es ist durchaus vernünftig, sich bei allem zu fragen: „Was hätte Jesus jetzt getan?“ Dann erhält die Entscheidung nämlich noch einmal ein anderes, ein christliches Gewicht. Ein Mann ist bei einem Männerseminar plötzlich sehr laut geworden: „Ich bin es satt, immer nur brav und angepasst zu sein! Ich will nicht mehr den ‚lieben Kollegen‘ spielen! Die Ungerechtigkeiten in unserem Betrieb schreien zum Himmel und ich will sie beim Namen nennen!“ – Da fragten wir ihn nach einem biblischen Beispiel für seinen Zorn und er nannte den Zorn Gottes über die Stadt Ninive, der er das Strafgericht androhte und auch den Zorn Jesu, der im Tempel die Tische umwarf (vgl. Mk 11,15), weil das Haus seines Vaters keine Räuberhöhle sein sollte. Wir sprachen über diesen zornigen Jesus, über sein gutes Anliegen und wie nun dieser Mann seinem Zorn in geordneten, aber eindrucksvollen Bahnen Luft machen konnte. Ich weiß nicht genau, wie er es dann gemacht hat, aber es hat jedenfalls gefruchtet.

IMPULS

Schauen Sie in der Bibel nach, ob Ihre Entscheidung im Leben Jesu Widerhall findet. Wie geht es Ihnen dabei? Wenn die Liebe zum Leben in Ihnen größer wird, dann sind Sie bestimmt auf einem guten Weg.

Regel 7: Im Zweifel für die Versöhnung

In einem langen Gespräch erzählte mir ein alter Mann von seinem schwierigen Schwiegersohn, der ihn nicht grüße, nicht anrufe, nicht beachte ... Ich sagte nichts, hörte einfach nur zu und dann am Schluss stellte er mir eine überraschende Frage: „Was würdest du an meiner Stelle tun? Wie siehst du die Sachlage?" Ich persönlich habe es gelernt, mit Ratschlägen zurückhaltend zu sein, weil sie in der Regel überhaupt nichts bringen. Aber in diesem Falle habe ich mich vorsichtig an den Alten herangetastet und ihm meine Eindrücke kundgetan: „Er ist dein Schwiegersohn", sagte ich, „der Mann deiner einzigen Tochter. Sie liebt ihn. Warum solltest du ihn ablehnen? Wer hindert dich denn, den ersten Schritt auf diesen Menschen hin zu gehen? Ich würde es tun, ich würde ihn anrufen, zum Essen einladen ..."

„Aber das geht nicht!", erwiderte der alte Mann. „Wir haben uns ja schon so lange nicht mehr gesehen." – „Ja, ihr sprecht nur noch garstig übereinander, es wird Zeit, dass du auf ihn zugehst!", erwiderte ich hartnäckig. Ob der alte Mann meinem Rat gefolgt ist, weiß ich nicht, aber mir persönlich ist es völlig klar: Wir können nur über den Frieden mit unseren Mitmenschen zu tiefem, inneren Frieden finden. Und im Zweifelsfalle ist die beste Entscheidung immer die der Versöhnung. Das gilt in einem Männerleben ganz besonders für den eigenen Vater. Wer ihm nicht wirklich von Herzen zu vergeben bereit ist, wird ein Leben lang über seinen alten Herrn stolpern und dieser wird ihm immer wieder ein Bein stellen.

IMPULS

Diabolisch ist alles, was verwirrt, durcheinanderwirbelt, was zerstreut und von innen her zerstört. Die guten Entscheidungen verbinden, versöhnen und stiften Klarheit. Messen Sie heute Ihre Entscheidungen an diesem Kriterium.

Männliche Spiritualität

Gabriel wurde von seiner Frau verlassen. Entscheidend ist jetzt, wie er mit dem großen Schmerz in seinem Leben umgeht, ob es ihm gelingt, ihn in eine starke Liebe hinein zu transformieren oder ob er ihn an seine Mitmenschen weitergibt. Der Weg dorthin läuft nicht über die Addition, über das Hinzufügen weiterer Erkenntnisse, sondern über die Reduktion, über die konzentrierte Wahrnehmung des augenblicklich Wichtigen und das ist für Gabriel im Moment der aufrechte Wunsch, dass es für ihn wieder in geordneten Bahnen weitergeht ...

Für mich ist Spiritualität vor allem mit Wandel verbunden. Das Herz des Mannes schlägt sich wund: am Vatermangel, am Misserfolg, an schwierigen Beziehungen, an falschen Idolen und Zielen. Männer machen viel kaputt, wenn ihre Wunden nicht transformiert werden. Dann werden sie brutal, hartherzig, führen Kriege, beuten andere aus, betreiben Menschenhandel, geraten in die Pornofalle ... Wenn es uns gelingt, das verwundete Herz eines einzigen Mannes zu heilen, dann heilen wir die ganze Welt. Der prädestinierte Ort Mann zu sein und Mann zu werden ist die Männerrunde. Im erwartungsfreien, rituell geschützten Kreis von Männern geschieht Nachfolge Jesu und damit verbunden echte Mann-Werdung.

Der Mann findet sich kaum in der Kirche, ihm missfällt die weiche und einschläfernde Liturgie, er fühlt sich von vielen Frauen und den wenigen, aber durchaus dominanten Geistlichen in Frauengewändern nicht wirklich angesprochen. Ihre Worte erreichen ihn nicht. Er mag es nicht, wenn unvermutet und direkt über seine Gefühlswelt gesprochen werden soll. Und doch sehnt er sich nach einem Gott, nach einer kraftvollen, wilden Spiritualität, die ihn aus der Bequemlichkeit herauslockt in ein abenteuerliches und eigenverantwortetes Leben. Männer suchen die Herausforderung, die Aufgabe, die Selbstaufopferung, die Grenzen. Blut, Opfer, Kampf und Schwert haben in ihrem Leben eine große Bedeutung. Deshalb müssen sie ja danach suchen, was sie lebendig macht und wofür sie leben und sterben wollen. Wenn sie dies tun und entsprechend handeln, werden sie zu ganzen Männern, wie sie die Welt heute braucht.

Männer haben einen eigenen Zugang zum Glauben, sie glauben nicht so selbstverständlich, nicht so angepasst, nicht so kirchlich und auch nicht so vernetzt wie Frauen. Sie machen immer noch vieles mit sich alleine aus. Genauso wenig, wie sie besonders gerne und regelmäßig zum Arzt gehen, scheuen sie auch den Kontakt zum Beichtvater oder überhaupt zu einem Mann, mit dem sie über Wesentliches, Persönliches, Peinliches und letztlich auch Befreiendes sprechen könnten. Männliche Spiritualität ist auf das Tun hin ausgerichtet: Männer wollen schaffen, sie wollen gebraucht sein, sie wollen verändern, gestalten, verbinden. Und so verlagern sich „spirituelle" Begegnungen auf den Tennis- oder Fußballplatz oder in die Stammtischrunden diverser (Sport-) Gasthäuser. Das ist gut so, aber ob diese weltlichen Erfahrungen reichen, um ein geistiges Vakuum, um sozusagen die große Sehnsucht eines Mannes zu füllen, bleibt fraglich. Ich denke, dass Männer in der Tat Gott brauchen. Er ist jene Kraftquelle, jener Esprit, der ihr verwundbares Leben fruchtbar und sinnvoll macht, der sie nützlich und tauglich macht für diese Welt und der sie auf dieser Erde dementsprechend brauchbar einrichtet.

In den folgenden vier Thesen wird die männliche Spiritualität sozusagen auf den Punkt gebracht und entfaltet:

These 1: Männer müssen die Reise in die Ohnmacht lernen

Männer scheuen die Ohnmacht, den Verlust, die Niederlage, den Tod instinktiv. Sie wollen naturgegeben gesund, stark, einflussreich und aktiv sein. Ohnmacht, Verlust oder Verwundbarkeit sind keine großen Männerthemen, treten aber dennoch unweigerlich in jedem Männerdasein auf – gefragt oder ungefragt.

Kürzlich ist mir ein Krankenpfleger begegnet. Jahrelang hat er gewissenhaft gearbeitet, in sechzehn Dienstjahren kam er gerade mal auf zehn Krankheitstage. Er wähnte sich selbstverständlich in der Vorstellung, dass dem für weitere Jahre so bleiben würde, bis ihn plötzlich ein schwerer Burnout infolge totaler Selbstüberschätzung und -überarbeitung außer Kraft setzte. Wir sprachen über seinen Zustand und er sagte: „So etwas kenne ich überhaupt nicht. Warum muss mir das passieren? Ich fühle mich so ohnmächtig, kann nicht mehr arbeiten, weiß nicht, wie es weitergehen soll?“ Er konnte nicht verstehen, dass Ohnmacht ein Thema ist, das auch ihn selbst betreffen würde. Bislang kannte er es nur von anderen, die zusammenbrachen, die sich suizidierten, die einen Herzinfarkt erlitten oder ihren Job verloren. Der Krankenpfleger war sozusagen auf den Ernstfall des Lebens nicht vorbereitet. Und jetzt war er auf sich zurückgeworfen, sah sein Leben in Trümmern liegen und wusste überhaupt nicht, wie es weitergehen sollte ...

Die Eingliederungs- d.h. Initiations-Sakramente (Taufe, Firmung, Eucharistie) bereiten uns auf unseren Niedergang und Aufstieg vor. So heißt es im Kolosserbrief des Paulusschülers: „Mit Christus wurdet ihr in der Taufe begraben, mit ihm auch auferweckt, durch den Glauben an die Kraft Gottes, der ihn von den Toten auferweckt hat.“ (2,12) Dieses Geheimnis von Tod und Leben prägt unser Leben, daher ergibt es z.B. Sinn, heute schon einen eigenen persönlichen Nachruf zu verfassen. Und das nicht, um uns der Todessehnsucht hinzugeben, sondern um dem heutigen Tag seine Besonderheit zurückzugeben, um heute achtsam und dankbar und ganz bewusst mit dem Leben umzugehen. Die Naturvölker zelebrieren die bevorstehende Ohnmacht auf ihre Weise: Wie Juden und Muslime beschneiden sie ihre Söhne und vollziehen andere Riten, die die Jungen in einem geschützten, heiligen Rahmen auf das Kommende ausrichten sollen. Unser männliches Leben ist verwundbar und vergänglich, erst wenn wir dies mit Mark und Bein am eigenen Leib erfahren haben, sind wir wirklich bereit, das Abenteuer Leben zu bestehen.

IMPULS

Verfassen Sie heute in ca. 15 Minuten einen eigenen persönlichen Nachruf in schriftlicher Form. Was ist Ihnen im Angesicht des gedachten bevorstehenden Todes wichtig, wofür möchten Sie danken, bitten, was ist noch offen, welche Pläne haben Sie gehabt? Was bleibt zu hoffen? Lesen Sie Ihren Text einem guten Freund vor, legen Sie ihn zu Ihren Dokumenten (z.B. Patientenverfügung) mit der Bitte, dass er an Ihrem Grab vorgelesen werden möge. Sie möchten doch bestimmt nicht, dass auf Ihrem letzten Gang überschwänglich oder scheinheilig über Sie gesprochen wird?

These 2: Spiritualität bedeutet Auslieferung an das Nicht-Ich

Christophorus war ein Riese von Gestalt, er war groß und kräftig. Er wollte dem Mächtigsten dienen. Könige waren damals sehr mächtig. So stellte er sich in den Dienst des mächtigsten Königs seiner Zeit. Er blieb jedoch nur so lange, bis er erkannte, dass sich der König vor dem Teufel fürchtete ...

Mich fasziniert die Legende meines Namenspatrons, des heiligen Christophorus, sehr. Er wollte immer einem dienen, der größer ist als er. Zunächst war es der König, dann der Teufel und schließlich das kleine Christuskind, das sich als Retter der Welt zu erkennen gab. Aufrichtig suchte er nach dem Großen, nach dem Stärkeren, nach dem ganz Anderen, nach dem, der sein – ohnedies schon sehr kraftvolles – Leben überschreiten sollte. Dieses Bestreben schützt uns Männer vor Hybris und Selbstüberschätzung. Es macht uns einerseits sehr demütig, weil wir uns selbst als Werkzeug eines Größeren verstehen, andererseits treten wir schon mit einer gewissen, unübersehbaren Autorität in dieser Welt auf. Christophorus war ja ein nicht zu übersehender Riese, der sich letztlich als Fährmann über eine Furt in dieser Welt nützlich machte. Wenn Männer einem dienen, der größer ist als sie selbst, wachsen sie mit ihren Taten über sich hinaus. Sie überschreiten die engen Begrenzungen eines rein innerweltlichen, sterblichen und hoffnungslosen Lebens in eine Wirklichkeit hinein, die von großer, unsterblicher Zuversicht und auch Tatkraft getragen ist. Sie machen Unmögliches möglich. Vieles, was sie anpacken, gelingt ihnen auch.

Wer sich ganz seinem Gott übergibt, wird zu dessen Werkzeug in der Welt, zu dessen Sprachrohr, zu dessen Propheten, König und Priester – und derer bedürfen wir gerade heute mehr als genug.

IMPULS

- **Beten Sie heute das Wort „Dein Wille geschehe". Wiederholen Sie diesen Satz aus dem Vaterunser immer wieder und beachten Sie genau, was das Gebet mit ihnen macht.**
- **Geben Sie abends ihr Leben in die Hände Gottes. Sie können dies mit folgenden Worten tun: „Vater, ich vertraue mich dir an mit allem, was ich bin und war und sein werde. Mit allen, die**

mir lieb sind, weihe ich dir mein ganzes Sein. Nimm mich an mit meinen Fehlern und Stärken. Amen.“

These 3: Ein guter Krieger benutzt sein Schwert so gut wie nie

In einer alten Erzählung versucht ein Schwertträger einen weisen Mönch zu beeindrucken: „Du schaust mich nicht an. Weißt du nicht, dass ich dich – ohne mit der Wimper zu zucken – in zwei Hälften zerteilen kann?“ – Und der weise Mönch antwortet: „Weißt du denn nicht, dass ich dies – ohne mit der Wimper zu zucken – zulassen kann?“

Der Krieger prahlt mit Waffen, mit vorgeschobener Autorität, er will beeindrucken, er will seine Macht demonstrieren. Der Weise kämpft mit Scharfsinn. Er ist nicht so naiv zu meinen, dass alle Menschen automatisch gut seien. Aber er weiß, wann er in den Ring steigt und wann nicht. Seine Stärke liegt in der Furchtlosigkeit gegenüber dem scheinbar Mächtigeren. Heute würde man sagen, dass er sich von Titeln, Dienstabzeichen, Bomben und Kanonen nicht sonderlich beeindrucken ließe. Der wehrlose Mönch ist in seiner Einfachheit und Entschlossenheit sehr verblüffend. Er bleibt sich trotz Lebensbedrohung treu und zeigt mentale Überlegenheit. Er kämpft sozusagen mit den Waffen des Geistes und des Wortes, wie es im Hebräerbrief heißt: „Denn lebendig ist das Wort Gottes, wirksam und schärfer als jedes zweischneidige Schwert; es dringt durch bis zur Scheidung von Seele und Geist, von Gelenken und Mark; es richtet über die Regungen und Gedanken des Herzens.“ (Hebr 4,12) Wenn das gesprochene oder geschriebene Wort zur Waffe wird, brauchen wir keine Gewehre mehr.

Alle Männer müssen kämpfen, sie müssen eine Schlacht gewinnen, sie müssen eine Frau erobern, sie müssen wissen, dass es dieses Leben wert ist, umkämpft und bewahrt zu werden. Wenn sie das nicht tun, haben sie schon verloren und sich zur Selbstaufgabe verpflichtet. Nur wer kämpft, kann gewinnen. Wobei es nicht immer darum geht, jeden Kampf für sich zu entscheiden. Es genügt da zu sein, durchzustehen, durchzuhalten, seine klare Meinung zu vertreten, nicht klein beizugeben. Es ist auch nicht zwingend nötig, dass Männer jederzeit alle Geschütze auffahren. Ein guter Krieger gebraucht sein Schwert selten. Ein Schiedsrichter mit gesunder Autorität muss nicht zwölf gelbe Karten im Spiel verteilen, um Ordnung auf das Spielfeld zu bringen. Ein kluger Lehrer muss nicht dutzende Verweise ausstellen, um sich Gehör bei den Schülern zu verschaffen und ein reifer Mann muss weder mit seinem Geld, noch mit seinem Auto oder seiner wunderbaren Anstellung prahlen. Es genügt, dass wir da sind, dass wir uns grundsätzlich so mögen, wie wir sind. Es genügt, dass wir grundsätzlich die anderen so annehmen, wie sie sind und dass wir wissen, was wir wollen.

IMPULS

Überlegen Sie, welche „Waffen“, d.h. Statussymbole (Auto, Positionen, Wissen, Titel ...), Autoritätsinsignien (Dienstabzeichen, elterliche Ansprüche ...) usw. Ihnen zur Verfügung stehen. Wann setzen Sie diese ein und warum? Erwägen Sie, welche Alternativen es zu einer unnötigen Machtdemonstration in Ihrem Leben noch geben könnte.

These 4: Die Entdeckung der Langeweile

> Ein Mann sitzt vor dem Fernseher. Es dauert nicht lange, da geht er zum Kühlschrank und holt sich eine Flasche Bier. Dann blickt er in die Zeitung und regt sich über die Lügenpresse auf. Nun sucht er Zuflucht in seinem Bett, aber auch da hält er es nicht aus, er springt abermals zum Kühlschrank und holt sich einen Pudding. Der schmeckt ihm nicht, er verzieht sein Gesicht griesgrämig zur Grimasse und wählt eine beliebige Nummer am Telefon. „Niemand zu Hause!", schimpft er und sucht Unterschlupf vor dem Aquarium, welches ihm furchtbar öde und langweilig erscheint …

Vielleicht kennen Sie Männer, denen die Zeit zu lange wird, die den Tag wie einen schweren Stein vor sich herschieben, lust- und antriebslos. Der Alltag und sie selbst werden sich zur Qual, zum Gefängnis, aus dem es kein Entrinnen zu geben scheint. Die alten spirituellen Meister verglichen diese Situation mit der *Akkedia* (griech. Nicht-Sorge-Tragung), dem Mittagsdämon, einer Form der Leere, des Überdrusses und der Traurigkeit, die das Leben lähmt und dem Menschen jegliche Antriebskraft raubt. Früher war die Langeweile eher ein Privileg der Oberschicht, heute kann sie jeden Mann treffen. Die Frage ist nun: Wie gehe ich damit um? Klug wäre es, die Langeweile auszuhalten, ohne davonzulaufen. Dann könnten die leeren Stunden die kreativsten werden. Schlimm ist es, wenn es die Männer nicht aushalten, bei sich zu bleiben und meinen, sie müssten ihre Leere mit heroisch anmutenden Taten füllen. Dann passiert in der Regel wenig Vernünftiges, dann kann es sein, dass Männer zu Wölfen werden, die sich in sinnlosen Vergleichen aufreiben; oder sie greifen zur Flasche und zerstören sich und ihre

Umgebung. Vielleicht kommt das Übel in der Welt daher, dass die Menschen nicht einen Abend lang alleine ruhig zu Hause bleiben wollen? Langeweile kann das Einfallstor für maßlose Aggression oder Depression gleichermaßen werden. Es ist in der Tat nicht einfach, Langeweile auszuhalten, in der Zelle zu bleiben, wie es die Wüstenväter sagen würden. Zu viel Unangenehmes kommt hoch, will verdrängt und zugeschüttet werden, z.B. mit einem Übermaß an Arbeit oder Zerstreuung. Viele Männer stürzen auch in die Alkoholsucht und kommen davon nur sehr schwer wieder los.

Die hektische Welt, in der wir heute leben, braucht jedoch gerade für vielbeschäftigte Männer tatsächlich Räume der Absichtslosigkeit, der Zweckfreiheit, des Müßiggangs. Kein Leben lässt sich bis auf die letzte Minute durchstrukturieren und funktionalisieren. Wir Männer sind keine Maschinen und unser Körper ist auch keine Maschine. Wir haben es verdient, nichts zu tun und aus den leeren Zeiten die möglicherweise kreativsten Zeiten unseres Lebens zu machen.

IMPULS

Beobachten Sie sich genau beim nächsten Schub der Langeweile. Notieren Sie Ihre Taten, Gefühle und Eindrücke und vermeiden Sie es, vor sich selbst davonzulaufen. Bleiben Sie, wo Sie sind, schmoren Sie ruhig in Ihrem Saft und halten Sie durch. Sie werden sehen, die Zeiten werden sich ändern, Sie werden gestärkt und neu aus dieser leeren Zeit hervorgehen.

Zum inneren Seelenfrieden finden

Er kommt einfach nicht zur Ruhe, er lebt in einer großen Disharmonie, ihm fehlt die innere Balance, die Ausgewogenheit, die er einerseits ersehnt und vor der er sich doch auch so fürchtet. Den Weg zu seiner Mitte, zu seinem inneren Seelenfrieden muss er jedoch ganz alleine gehen, er wird ihn finden, wenn er Veränderungen und Aufbrüche nicht scheut ...

Der Mann und sein Körper – das ist oft eine zwiespältige Angelegenheit. Wer nicht in seinem Körper zuhause ist, wer ihm mit Arbeit, Drogen oder Schlafentzug ständig zusetzt, kann auch schwerlich bei seinem Gott zuhause sein. Viele vergessen, dass sie nicht nur einen Körper haben, sondern selbst Körper sind, den sie wie eine Maschine behandeln. Sie reizen durch ein hochriskantes, schnelles Leben alles aus ihm heraus, gefährden ihre Gesundheit und manche brechen eher zusammen, als es ihnen lieb ist. „*Caro salutis est cardo* – Das Fleisch ist der Angelpunkt des Heils", lehrt Tertullian (*150 n.Chr.), der tunesische Theologe aus Karthago.

Wenn Männer keinen liebevollen Zugang zu ihrem Körper finden, sagen sie manchmal: „Es gibt ja gar keinen Gott, ich bin ihm noch nie begegnet!" Das hör ich sinngemäß sehr oft von unterschiedlichen Männern. „Es gibt keinen Gott?", wiederhole ich fragend. Und was ist dann mit den vielen Menschen, die zu ihm beten, die vor ihm klagen, bitten, die zu ihm wallfahrten, die wundervolle Lieder für ihn komponieren, die jahrhundertealte Kathedralen für ihn errichten, unzählige Bücher für ihn schreiben oder außergewöhnliche Bilder für ihn malen? „Es gibt keinen Gott?", frage ich.

Wo wären wir, wenn es keinen Gott, keine Bibel, keine Richtschnur für unser Leben gäbe. Wir wären Irrende und Fehlende, wir wären Misstrauische ohne jede Aussicht auf Hoffnung und Zuversicht.

Natürlich gibt es einen Gott, er wohnt mitten unter uns. Und wir haben es nur noch nicht bemerkt. Ohne ihn könnten wir weder atmen, noch sprechen, noch denken oder sonst etwas tun. Er ist die Luft, die wir atmen, er ist das Wasser, das uns am Leben hält und wir merken es nicht.

Erst wenn wir bei uns ankommen, bei unseren Ängsten, Träumen, Hoffnungen, erst wenn wir uns wahrnehmen, wie wir sind, erst dann werden wir offen für das Wunder Leben. Wir staunen und uns gehen die Augen auf.

Termini waren im römischen Reich festgelegte Grenzsteine, die den Menschen rechtliche und religiöse Sicherheit gaben. Innerhalb ihrer bezeichneten Umrahmung waren sie sicher und geborgen. Wer in seiner Mitte lebt, ist ganz bei sich und ganz bei Gott. Er ist stimmig, er ist gut geerdet und kann sich im wahrsten Sinne des Wortes von all dem abgrenzen, das ihm schadet. Er wird zum Tempel Gottes, der in ihm wohnt und ihn heiligt. Männer, die nicht in ihrer Mitte wohnen, gibt es zur Genüge. Sie haben sich und ihre Gefühle nicht unter Kontrolle, sie rasten unverhältnismäßig aus, weil sie noch nicht bei sich angekommen sind, sie werden sich selbst und ihrem nächsten Umfeld zum Feind. Sie sind sozusagen „außer sich", aus den Fugen geraten und machen sehr viel kaputt. Sie sind der Verzweiflung als Grund ihres Daseins noch nicht willentlich begegnet, sie befinden sich nicht im Auge des Sturms, sie werden vom Orkan der Leidenschaften gejagt und so selbst zum Jäger der Wehrlosen.

Dieses Termini-Ritual leitet dazu an, sich auch körperlich in seiner Mitte wiederzufinden. In der Bibel wird Gott ganz selbstverständlich als Einer, der sich mitten unter uns befindet, beschrieben:

- „Sie sollen mir ein Heiligtum machen! Dann werde ich in ihrer Mitte wohnen." (Ex 25,8)
- „Ich schlage meine Wohnung in eurer Mitte auf und habe gegen euch keine Abneigung. Ich gehe in eurer Mitte; ich bin euer Gott und ihr seid mein Volk. Ich bin der Herr, euer Gott, der euch aus dem Land der Ägypter herausgeführt hat, sodass ihr nicht mehr ihre Sklaven zu sein braucht. Ich habe eure Jochstangen zerbrochen und euch aufrecht gehen lassen." (Lev 26,11f.)
- „Seht die Wohnung Gottes unter den Menschen! Er wird in ihrer Mitte wohnen und sie werden sein Volk sein; und er, Gott, wird bei ihnen sein. Er wird alle Tränen von ihren Augen abwischen: Der Tod wird nicht mehr sein, keine Trauer, keine Klage, keine Mühsal. Denn was früher war, ist vergangen." (Offb 21,3bf.)
- „Wisst ihr nicht, dass ihr Tempel Gottes seid und der Geist Gottes in euch wohnt? Wer den Tempel Gottes zerstört, den wird Gott zerstören. Denn Gottes Tempel ist heilig und der seid ihr." (1 Kor 3,16f.)

Das Termini-Ritual

Nehmen Sie etwa 5 ca. 30 cm lange Holzstäbe (evtl. auch 10 Kieselsteine) und stellen sie sich hüftbreit auf. Nun bilden Sie einen heiligen Raum um sich, legen Hölzer/Steine in Arm-Spann-Weite um sich auf den Boden, breiten die Arme aus, drehen sich im Kreis und sagen: „Das Heilige gleicht einem abgegrenzten, befriedeten Garten. Hier bin ich ganz bei mir, ganz bei Gott, hier bin ich unberührbar und heilig."

Mit nach außen gerichteten, ausgestreckten Handballen atmen Sie:

„Ich bin ganz bei mir, ich bleibe bei mir, niemand kann mich in meiner heiligen Mitte stören."

Sie beugen sich nach unten, die Arme sind gestreckt am Boden und jetzt richten Sie sich langsam auf, strecken die Arme nach oben und atmen leise aus, die Hände legen Sie langsam an die Hüfte. Sie atmen ein und aus.

Abermals beugen Sie sich nach unten, die Arme sind gestreckt am Boden und jetzt richten Sie sich langsam auf, strecken die Hände wieder über den Kopf, atmen schon lauter aus und die Hände legen Sie dabei an die Hüfte. Sie atmen wieder ganz bewusst ein und aus.

Zum dritten Mal beugen Sie sich in Ihrem heiligen Kreis nach unten, die Arme sind gestreckt am Boden, Sie richten sich auf, strecken die Hände über den Kopf, atmen ganz laut aus – sprechen aus der Tiefe Ihres Herzens schon lauter einen tiefen Laut „Ohhh" und legen die Hände an die Hüfte.

Verweilen Sie ruhig noch ein Weilchen im Kreis, in Ihrer heiligen Mitte, genießen Sie die Ruhe und das Ganz-bei-sich-Sein. Atmen Sie ruhig und gleichmäßig, dann verneigen Sie sich von außen vor Ihrem Kreis und räumen die Holzstäbe bzw. Kieselsteine wieder ein.

Eine Meditationsreise zu sich selbst

Diese Übung möchte die Männer mit ihrem Körper versöhnen und ihnen begreiflich machen, dass sie nur über ihren Körper und mit ihrem Körper die sind, die sie eben sind.

Stellen Sie sich vor, Ihr Körper ist Ihr bester Freund. Er hilft Ihnen, sich von hier nach dort zu bewegen. Ihre Füße tragen Sie, Ihr Rückgrat lässt Sie aufrecht stehen. Pausenlos versorgt Sie Ihr Körper mit Sauerstoff in der Selbstverständlichkeit Ihres Atems. Hören Sie auf Ihren Atem. Atmen Sie in die Stille den Satz: „Ich bin da“, in voller männlicher Präsenz.

Gott lässt Sie leben, essen, trinken, verdauen, er schenkt Ihnen Hände, mit denen Sie greifen und gestalten können. Ihr Körper ist immer bei Ihnen. Ein Leben ohne Ihren Leib wäre nicht vorstellbar. Ihr Herz schlägt ununterbrochen bis zu Ihrem letzten Tag, Ihre Nieren und Ihre Leber arbeiten andauernd und entgiften Sie von innen heraus.

Stellen Sie sich vor: Ihr Körper ist Ihr bester Freund. Wie würden Sie ihn dann behandeln? Was würden Sie ihm zu essen und zu trinken geben? Würden Sie ihn schinden und quälen bis über seine Grenzen hinaus, oder würden Sie ihn schonen, ihm danken, ihn ab und an verhätscheln? Würden Sie ihn fordern?

Stellen Sie sich vor: Auch Sie sind der Leib Christi und wir alle sind Glieder an diesem mystischen Leib (vgl. 1 Kor 12,27). Wie geht es Ihnen dabei? Wie kostbar ist jetzt Ihr Leib, Ihr Körper durch den Sie als der zum Vorschein kommen, der Sie nun mal sind. Betrachten Sie Ihre Hand, sie hat fünf Finger, sie alle gehören zusammen. Kein Finger kommt auf die Idee, sich über den anderen zu erheben. So bilden wir Menschen eine Einheit, die zusammenhält und sich in Gott, der Wurzel ihrer Existenz, wiederfindet.

Wenn Männer fair streiten

„Nein, Papa, ich bleib heute nicht zu Hause!“, schreit die 16-jährige Tochter und knallt die Zimmertür hinter sich zu. „Doch, du warst letzte Woche schon unterwegs und wir möchten, dass du diesmal das Haus hütest. Außerdem hast du das letzte Mal zu viel Alkohol erwischt, das hat dir nicht gutgetan“, ruft ihr der Vater nach. – „Und ob mir das gut getan hat. Und heute gehe ich mit meiner Freundin Laura in den Club, ob es dir passt oder nicht!“, entgegnet die Tochter lautstark und dreht die JBL-Box ganz laut auf.

In vielen Familien wiederholt sich diese Szenerie auf die eine oder andere Weise und oftmals sind diese Auseinandersetzungen für alle Beteiligten äußerst kräfteraubend und nervenaufreibend.

Es ist utopisch zu meinen, dass es in privaten oder arbeitsbedingten Beziehungen ohne Streit abgehen könnte. Die ganze Bibel erzählt immer wieder von Familienstreitereien, so etwa beim alttestamentlichen Jakob, der sich mit seinem Bruder Esau anlegt; bei Jakobs jüngsten Sohn Josef, der von seinen Brüdern in eine Zisterne geworfen wird; bei König David und dessen Sohn Abschalom, der ihn töten möchte; bei den Jüngern, die mit Jesus um die vordersten Plätze im Himmelreich streiten … Die Bedürfnisse von Menschen sind unterschiedlich, Meinungen prallen gewollt oder unbeabsichtigt aneinander, es gibt Konflikte und die wollen im günstigsten Falle auf kluge und gerechte Weise gelöst werden. Nicht umsonst gibt es Mediatoren, Streitschlichter, Rechtsanwälte, Gerichte, Coaches, Lebensberater, Psychologen oder Therapeuten, die auf verschiedenen Wegen versuchen, von außen Hilfestellung anzubieten und den Konflikt zu entschärfen.

Bevor Männer jedoch professionelle Schlichtungshilfe in Anspruch nehmen, empfiehlt es sich, folgende Regeln zu überdenken. Sie vereinfachen die Lösung von Konflikten im privaten als auch im geschäftlichen Bereich und können zu einer gerechten Entschärfung der Problemsituation führen:

Regel 1: Es soll mehr als einen Sieger geben

Eine Win-win-Situation ist wirklich wünschenswert. Auf diese Weise verliert niemand das Gesicht und beide Parteien gehen sozusagen als Sieger aus dem „Kampf" hervor. Das wäre übrigens auch der Weg des Evangeliums, es beruht auf der Annahme, dass jeder Mensch ein Kind Gottes ist und es verdient hat, gerecht und respektvoll behandelt zu werden. In dem Fall des Vaters mit seiner 16-jährigen Pubertierenden wäre es möglich, einen vernünftigen Kompromiss für den Konflikt anzubieten. Er könnte lauten, dass die beiden Mädchen sich zu Hause treffen, dass sie sich Pizza bestellen und sich vor Ort einen schönen Abend machen ...

IMPULS

Stellen Sie sich eine Konfliktsituation aus Ihrem Leben vor. Wie können Sie diese verfahrene Situation lösen, ohne dass eine Partei das Gesicht verliert? Schreiben Sie mehrere Möglichkeiten auf.

Regel 2: Laufen Sie nicht beleidigt davon, stehen Sie den Streit durch

Es mag zwar klug sein, ein momentan unlösbares Konfliktgespräch abzubrechen, aber das ist nur sinnvoll, wenn beide damit einverstanden sind, wenn es also als Vorschlag ausgesprochen wird. Schmollend von dannen zu ziehen ist immer ein Zeichen der Schwäche. Männer, die sich beleidigt und wortlos aus dem Haus entfernen, um dann für ungewisse Zeit unauffindbar zu sein, zeigen wenig Charakterstärke.

IMPULS

Was brauchen Sie, um einem heftigen Streit standzuhalten? – Ausdauer, Mut, Willenskraft? Blicken Sie auf Ihr Leben, wann Sie diese Fähigkeiten schon mal erfolgreich eingesetzt haben und übertragen Sie diese nun auf eine konkrete, offene Konfliktsituation in Ihrem Leben.

Regel 3: Sprechen Sie Ihre Bedürfnisse klar und freundlich aus

Ich-Botschaften kommen anders an, als vorwurfsvolle Du-Botschaften. Ich äußere im Streit meine Bedürfnisse, meine Ängste und Sorgen. Solche Worte sind wie Brücken zum Nächsten, auf die er gehen kann oder auch nicht. Im Falle des oben genannten Vaters wäre es angebracht so zu argumentieren: „Ich mache mir als Vater Sorgen um dich. Es könnte dir etwas passieren, du bist erst 16, im Club sind vorwiegend 18-Jährige. Ich denke, dass du da nach allem, was das letzte Mal passiert ist, nicht so gut aufgehoben bist. Ich bin dein Vater, ich muss dir Grenzen setzen, um dich vor dir selbst zu schützen."

IMPULS

Oft gehen wir Männer davon aus, dass die anderen es eh schon wissen, was wir brauchen, was uns fehlt und wie es uns geht. Das Gegenteil ist oft der Fall. Überlegen Sie sich klare Bedürfnisäußerungen im Blick auf eine Person, mit der Sie öfters im Streit liegen. Bringen Sie diese zu Papier.

Regel 4: Verzicht auf Verallgemeinerungen der Zeit und der Personen

Es ist verletzend, wenn wir Generalisierungen der Zeit wie „immer, niemals ...“ verwenden und am Hier und Jetzt vorbeischimpfen. Da nehmen wir dem Augenblick die Chance und wühlen in alten Wunden, die uns nur noch mehr von unseren Gesprächspartnern entfernen. Auch Verallgemeinerungen der Personen wie „alle, man, keiner, jeder ...“ führen am konkreten Menschen vor mir vorbei. Auf diese abstrakte Weise erreichen wir ihn nicht, zumal sie auch nicht der Wahrheit entsprechen.

IMPULS

Beobachten Sie sich (rückwirkend) genau, wie Sie im Einzelfall streiten. Achten Sie darauf, dass Sie Verallgemeinerungen in konkrete, dem Hier und Jetzt und dem gegenüberstehenden Menschen, entsprechende Äußerungen umformulieren.

Regel 5: Auf der Suche nach drei guten Gründen

Wer seinen Konfliktpartner höher einzuschätzen mag als sich selbst, ohne dabei zu vergessen, dass auch er selbst größer ist, als er denkt, der wird gute Gründe für einen Konflikt finden. Im Falle der 16-Jährigen liegt ein guter Grund darin, dass sie frei sein möchte, dass sie sich von ihren Eltern abgrenzen möchte; außerdem möchte sie mit ihrer Freundin ein Abenteuer bestehen und Exklusivzeit mit ihr verbringen. Vielleicht gibt es auch einen hübschen Jungen, der im Club schon auf sie wartet?

IMPULS

Diese Übung ist sehr schön, weil sie einen emotional sehr verbindenden und versöhnlichen Ansatz in sich trägt: Rufen Sie sich einen heftigen Streit ins Gedächtnis und notieren Sie sich – die betreffende Person meditierend – gute Gründe für ihr abstruses Verhalten.

Regel 6: Bleiben Sie humorvoll

Wer sich seinen Humor behält, kann der Verzweiflung ein Schnippchen schlagen. Das gelingt natürlich nicht immer und auch nicht sofort, aber es tut gut zu wissen, dass diese Türe grundsätzlich immer offen steht. Im Fall des Vaters und der Tochter könnte der Vater darüber schmunzeln, wie bunt die Haare seiner Tochter geworden sind und was aus der Kleinen mit ihren 16 Jahren für ein resoluter und willensstarker Mensch geworden ist.

IMPULS

Sie müssen sich keine Witze merken, wenn Ihnen das sehr schwerfällt. Aber Sie können jederzeit mit einem leichten Lächeln auf (fast) alle komischen und herausfordernden Streitsituationen blicken. Das tut gut und entschärft den Konflikt im Ansatz. So ein freundliches Lächeln ist wie die herbstliche Morgensonne, die die ganze Landschaft in ein mildes, warmes Licht taucht.

Regel 7: Stellen Sie offene Fragen

Offene Fragen kennen keinen Hinterhalt, sie sind sehr sympathisch und geben dem Gegenüber gehörig Raum zum Atmen und Luftholen. Eine geschlossene Frage engt ein und schenkt den Befragten wenig Möglichkeit zur Erklärung von Sachverhalten oder emotionalen Umständen. Eine geschlossene Frage könnte sein: „Hast dich schon wieder betrunken, was?" Eine offene Frage lautet: „Sag mal, wie habt ihr den Abend verbracht?"

IMPULS

Überlegen Sie sich, wie Sie angesprochen werden wollen, wenn Sie etwas verbockt haben. Meditieren Sie sich in offene Fragen wie: „Wo bist du denn gewesen?", oder: „Wie ist dir denn das passiert?" im Gegensatz zu vorwurfsvollen Äußerungen wie: „Du bist schon wieder zu spät! Bist du betrunken?", oder: „Hast du das schon wieder kaputt gemacht?" Notieren Sie viele offene Fragen auf unterschiedliche Lebenssituationen und wenden Sie sie heute gleich an.

Regel 8: Nehmen Sie Ihr Herz in die Hand

Streit verunsichert den Mann und oft wird er im Streit verletzt, verwirrt und er fragt sich, wer er ist. Manchmal gehen wir Männer mit uns selbst hart ins Gericht, so nach dem Motto: „Das habe ich verdient. Diese Demütigung geschieht mir recht, ich bin doch ein Versager!" Dieser Weg führt in eine Sackgasse. Erstens entspricht er nicht der Wirklichkeit und zweitens bringt er uns nicht weiter. Es ist sinnvoll, Gott danach zu fragen, wie er uns sieht. Solange wir keine Antwort darauf gefunden haben, dürfen wir hartnäckig weitersuchen. Dieser Impuls mag uns eine Hilfe sein:

IMPULS

- Malen Sie ein rotes Herz auf Papier, schneiden Sie es aus und legen Sie es in Ihre offenen Hände. Jetzt stellen Sie sich vor, das Herz sind Sie selbst in Gottes Hand. Wie sehen Sie sich jetzt? Was sagen Sie zu sich? Möglicherweise ist es Gott, der zu Ihnen spricht, dass er Sie in seine Hand geschrieben hat, dass er Sie von ganzem Herzen liebt. Nicht weil Sie so gut sind oder so außergewöhnlich oder so einmalig ... Gott liebt Sie, wie Sie sind, weil Sie sind, das ist der Grund seines Wesens.
- Und wenn Gott Sie liebt, dann dürfen Sie sich jetzt auf das Papierherz auch Gutes zusagen, z.B.: „Mein Herz, du bist mehr als der Streit, der dich gerade gekränkt hat. Du bist ein geliebtes Kind Gottes. Ich verzeihe dir deine Schwächen. Leg dich ganz in meine Hände, ich fange dich auf. Herz, komm bei mir zur Ruhe ..."
- Wenn Sie möchten, schreiben Sie einen Kernsatz ins Herz und hängen Sie es gut sichtbar an einen Ort, der Ihnen vertraut ist, z.B. an die Bürotüre oder an den PC-Bildschirm in Ihrem Arbeitszimmer ...

Die Überwindung der Verzweiflung

Ein Familienvater erfährt, dass er von der Arbeit „freigesetzt" wurde, dass er sozusagen von heute auf morgen seinen Job verloren hat. Er sieht keinen Ausweg mehr. Alles scheint für ihn verloren. Er greift zur Flasche und noch einmal und dann rast er mit seinem PKW viel zu schnell über die Autobahn, direkt in einen Autobahnpfeiler hinein. Er hat ihn willentlich anvisiert und nun ist endgültig alles vorbei …

An diesem Beispiel zeigt sich, was vielen Männern widerfährt. Nicht jedes Männerleben endet so tragisch, aber es spielt sich bei vielen in ähnlicher Manier ab: Es ist bei Gefahr gekennzeichnet von Verdrängung, von Ablenkung, von Flucht, bis es keinen Ort mehr gibt, wohin sich ein Mann noch wenden könnte. Männer haben ein deutlich erhöhtes Suizidrisiko, sie sterben statistisch gesehen sieben Jahre vor den Frauen und sie leben in der Regel viel riskanter und gefährlicher als es ihnen guttut. Viele Männer sind noch nicht in die Realität des Lebens aufgewacht, sie leben in (platonischen) Schatten- und Höhlenwelten und halten diese für die Realität. Wie aber wachen wir Männer in die Realität auf? Wer holt uns aus den Schatten ans Licht? Wie gelangen wir dorthin? Wollen wir das überhaupt? Wer öffnet uns die Augen für das große Geheimnis des Lebens?

Es ist uns in der Taufe mitgegeben und es ist unwiderruflich, dass wir Männer sterben werden. Und dennoch leben viele von uns so, als würden sie auf ewig Bestand haben. Sie bauen sozusagen ein Haus auf der Brücke oder mitten im Fluss, wo es jederzeit weggeschwemmt und zerstört werden kann. Sie sehen die großen Zusammenhänge, die das

Leben für uns bereithält, nicht und dümpeln oft in stiller, aber unreflektierter Verzweiflung dahin. Sie haben keinen richtigen Halt im Leben, alles scheint auf Sand gebaut. Die Folge sind oft unkontrollierte Aggressionsschübe, die sich gegen den Mann selbst oder auch gegen die Familie richten können; ein Hang zur Selbstzerstörung in einem Übermaß von Alkoholkonsum, Arbeitswut, Pornographie oder andere Formen der Sucht – Fremdgänge mitinbegriffen. Die wachsende und gut frequentierte Zahl an Bordellen in Deutschland legt diese Vermutung sehr nahe.

Viele Männer wollen die Grundsituation des Mannes nicht wahrhaben, sie fliehen in die Realität der Kapitulation, der Verzweiflung, des Totalverlustes in Form von Tod und Vergänglichkeit. „Du wirst sterben", lautet eine Botschaft aus den Initiationsriten. Wir sind nicht auf ein gefälliges Leben getauft. Wir sind nicht zu braven und angepassten, netten Herren getauft, wir sind mit der Taufe in den Tod und in die Auferstehung Jesu hineingenommen. Angesichts eines solch verwandelnden Bildes, wie jenes vom Kreuz, kann sich das Schlimmste jederzeit in Allerbestes umgestalten. Doch wer versteht das denn?

Und in seinem Wahn und ungehemmten Durst nach Leben und noch mehr Leben stürzt sich der unreife Mann immer mehr in die Fänge des Todes, bis er wirklich von ihm für immer überwunden wird. Er sieht zeitlebens den Tod nicht, er sieht ihm nicht ins Angesicht, er flieht ihn, wo er nur kann. Er flieht sozusagen seinen eigenen Schatten, bis er völlig erschöpft an ein trauriges Ende gerät, aus dem es kein Zurück mehr gibt.

Wir Männer müssen wohl unter großen Schmerzen begreifen, dass die Verzweiflung ein tragender Grund unseres Lebens ist, dass der Tod eine Realität darstellt, die mindestens so tatsächlich ist wie das Leben. Erst wenn wir der Verzweiflung begegnet sind, wenn wir diese Begegnung überlebt haben, verlieren wir die Angst vor ihr. Dann hat sie keine Macht mehr über uns, sie wird uns zur Freundin, die uns stetig auf allen unseren Wegen begleitet. Dann sind wir – vorsichtig ausgedrückt – ein Stück weit erlöst, frei für ein erfülltes Leben aus der Kraft des Glaubens. Wege aus der Verzweiflung sind für mich die Initiationsbotschaften. Sie führen den Mann direkt ins volle Leben hinein:

1. Initiationsbotschaft: Das Leben ist hart

Unser Leben ist kein Honiglecken, wer das meint, ist schon total verweichlicht, domestiziert und – wenn Sie so wollen – in ein naives, gemütliches Sofaleben (bei Mutti) hineinkastriert. Das Leben kennt viele Herausforderungen und verlangt einiges von den Männern ab, vorausgesetzt sie stellen sich ihrer Verantwortung. Sie müssen sich persönlich weiterentwickeln durch Selbstreflexion und Selbstbesinnung, sie müssen in der Beziehung über ihr kleines Ego hinauswachsen, sie sind beruflich und gesellschaftlich gefordert. Manches wird ihnen geschenkt, aber vieles müssen sie sich hart erarbeiten. Eine gute Anstellung im Beruf will mühsam erarbeitet werden, so nach dem Motto: Den Neid der Kollegen muss man sich erst verdienen, Mitleid kommt von selbst. Wer weiß, wie hart das Leben sein kann, wird mit ungeliebten Überraschungen anders umgehen, als jemand, der sich unter einer gläsernen Käseglocke befindet.

IMPULS

Schreiben Sie sich heute alles auf, was Ihnen im schlimmsten Falle widerfahren könnte: Krankheit, Partner- und Arbeitsverlust ... Und dann überlegen Sie, wie Sie anhand der ersten Initiationsbotschaft mit der Situation einigermaßen männlich umgehen könnten.

2. Initiationsbotschaft: Nimm dich nicht so wichtig

Es gibt in einem männlichen Leben tatsächlich etwas, das noch größer und bedeutsamer ist, als wir selbst: Das ist das Leben in Gott. Wir sind als vergängliche Männer nur begrenzte Teile in diesem Leben. Wir ordnen uns in dieses Leben ein und geben ihm einen Sinn: Wir leben für Gott, für sein Reich, wir verkünden seine Botschaft durch unser Wirken, durch unsere Taten, durch unsere Schraubenzieher, Spaten, Schaufeln, durch unsere Computerkenntnisse und Wortspiele, durch unsere Fantasie, durch Lieder, Gemälde, Bauten ... Es geht dabei nicht primär um uns, es geht um unsere Kinder, Frauen, Freunde oder Arbeitskollegen. Erst wenn es uns gelingt, von uns selbst wegzugehen, werden wir uns wieder voller Liebe finden. Dann wird unser Leben gelingen.

Phallische Energie kann auch sehr egozentrisch und narzisstisch sein. Denken Sie etwa an die vielen Raketen und Panzer, denken Sie an die vielen Prestige-Türme. Erst wenn wir uns Männer aus dem Mittelpunkt unseres (kleinen) Weltalls werfen, erst wenn wir sozusagen in zweiter Reihe stehen, erst wenn wir Platz machen für das Leben, nehmen wir die Welt in etwa so wahr, wie sie wirklich ist. Wir sehen die Erde, die uns braucht, die Menschen, die mit uns rechnen, wir achten auf die Dinge, die uns umgeben, wir machen uns zu Dienern dieser Welt, wir nehmen uns zurück und lassen die anderen groß werden. Johannes der Täufer hat diesen großen spirituellen Schritt so bezeichnet: „Er muss wachsen, ich aber geringer werden." (Joh 3,30)

IMPULS

- **Versuchen Sie heute eine halbe Stunde lang nicht an sich und Ihre Bedürfnisse zu denken. Wenn Sie einen Baum sehen, dann denken oder sagen Sie: „Ein Baum!" So machen Sie es mit allen Dingen und Menschen, die Ihnen begegnen. Und wenn Sie wol-**

len, können Sie ab und an die Worte: „Wer bin ich und wer bist du?“, beten. Es wird Ihnen guttun und Sie werden dann nicht mehr so sehr an sich haften.

- **Meditieren Sie die Menschen und Dinge, die Sie umgeben. Geben Sie ihnen Seele und Herz und denken Sie sich: „Ich gehöre mir nicht selbst, ich gehöre dem Leben.“ Sie werden spüren, dass Sie Teil des Lebens geworden sind, Sie erleben sozusagen eine kopernikanische Wende des Herzens und des Geistes, die Sie umformt in einen Menschen der Hingabe an das Leben.**

3. Initiationsbotschaft: Du hast nicht alles unter Kontrolle

Wir Männer sind es gewohnt, alles im Griff zu haben. Wir haben unsere (digitalen) Kalender, wir planen, setzen um und machen, dann sind wir in unserem Element. Aber das Leben spielt da nicht immer mit. Es spricht oft genug eine andere Sprache und wir geraten nicht selten aus dem eigenbestimmten Aktiv ins fremdbestimmte Passiv. Wir leben nicht mehr, wir werden gelebt, entlassen, verlassen, wir handeln nicht mehr, wir werden behandelt ... Es ist gut zu wissen, dass wir nicht über alles und jederzeit die Kontrolle haben, dass wir sozusagen einer Wirklichkeit leben, die unsere kleine Wahrnehmung übertrifft. Alles, was wir mit Sicherheiten im Leben verbinden, kann uns genommen werden. Weltliche Sicherheiten sind ein Symbol für das falsche Selbst. Es beruht auf Äußerlichkeiten, auf dem Ansehen, das wir z.B. als Arzt genießen usw. Wir haben keine andere Sicherheit, als die, unseres Lebens ungewiss zu sein. Die Wege vor uns sind dunkel, wir setzen jeden Schritt in ein Wagnis, in ein Abenteuer, wir wissen nicht, wie es ausgeht ... Wenn wir meinen alles im Griff zu haben, kann das ein gefährlicher Trugschluss sein.

IMPULS

Malen Sie alles auf, was Ihnen wichtig ist, was Ihr Leben ausmacht, z.B. Ihre Familie, Ihre Freunde, Ihre Träume, Ihre Arbeit ... Und dann streichen Sie ein Bild nach dem anderen oder übermalen es mit einem anderen Bild in dunkler Farbe. Sie werden spüren, dass es nicht selbstverständlich ist, wenn alles so läuft, wie es jetzt gerade der Fall ist. Und Sie ahnen wahrscheinlich schon, dass es Zeiten gibt, wo das eine oder andere „schwarze“ Bild zur Wirklichkeit werden könnte.

4. Initiationsbotschaft: Du wirst sterben

Unser Leben ist begrenzt. Wir alle wandeln dem Tod entgegen und niemand ist davon ausgenommen. Es ist gut, dass unser Leben endlich ist, das macht uns Männer einmalig und besonders wertvoll. Das gibt unserem Leben tiefen Sinn und lässt uns den Augenblick voller Dankbarkeit und voll Achtsamkeit genießen. Mit dem Tod werden wir allen Menschen gleich – jenen, die vor uns waren, jenen, die mit uns leben und jenen, die nach uns kommen werden. Der Tod ist fair. Es gibt ein Genug, es gibt eine Heimat bei Gott. Darauf dürfen wir hoffen und dementsprechend richten wir unser Leben auf Erden aus.

IMPULS

Machen Sie sich heute die Mühe und basteln Sie eine Krawatte aus Papier. Auf das untere Drittel der auf dem vorderen Körperteil sichtbaren Krawatte malen oder schreiben Sie alles, was Ihnen wertvoll ist. Wenn Sie fertig sind, legen Sie die Papierkrawatte um und schneiden Sie sich jedes Wort und Bild einzeln von der Krawatte. Schauen Sie ruhig zu, wie die Papierschnipsel zur Erde fallen und

nehmen Sie wahr, was dies mit Ihnen macht. Wenn Sie möchten, können Sie die Papierschnipsel wieder zusammenkleben und dankbar betrachten, denn Sie befinden sich mitten im Leben!

Abschlussgedanken

Angenommen der eingangs angeführte suizidale Familienvater wäre in das Leben initiiert gewesen. Was hätte sich dann in seinem Verhalten vermutlich geändert? Wenn er gewusst hätte, dass das Leben hart ist, hätte er es vermutlich auch so genommen, er hätte sich wohl eine andere Arbeit gesucht und ein neues Arbeitsleben begonnen.

Der Satz „Du bist nicht so wichtig“ hätte ihm viel Druck genommen. Er hätte den Familienerhalt nicht ganz auf sich bezogen und möglicherweise gelassener auf die „Freisetzung“ reagieren können.

Auch wenn ihm bewusst gewesen wäre, dass es in seinem Leben nicht um ihn geht, hätte er mit einem gewissen Abstand auf sein Los geblickt.

Dass er nicht die Kontrolle über sein Leben hat, hätte er jetzt schmerzlich erfahren müssen, aber er wäre darauf vorbereitet gewesen.

Und dass er sterben muss, hätte vermutlich seine verfahrene Situation relativiert. Wahrscheinlich hätte er als weiser Mann alles darangesetzt, völlig neu und vielleicht mit noch größerer Energie als vorher zu beginnen?

Der Mann und seine vielen Rollen

Völlig erschöpft kommt er von der Firma nach Hause. Er hat einiges an Arbeit mitgebracht, das er bis morgen erledigt haben sollte. Sie bombardiert ihn sogleich mit Problemen ihrer Kinder: „Wo warst du so lange? Immer muss ich alles allein machen. Dein Sohn hat schon wieder eine Fünf in Mathe. Kannst ihn dir gleich einmal vorknöpfen!"

Mit der Rollenaufteilung war es vor ca. 40 Jahren noch um einiges klarer, zumindest für den Mann. Er sorgte sich vornehmlich um den Unterhalt und die finanzielle Versorgung der Familie, während die Frau die drei „K's" bediente: Kinder, Küche und Kirche. Ob die Beziehungen früher glücklicher waren, wage ich zu bezweifeln.

Heute jedenfalls steht der Mann vor weit größeren Herausforderungen. Er findet sich als Ehemann, Liebhaber, Haushaltsmitverantwortlicher, Vater, Arbeitnehmer, Vereinsmitglied und Freund in vielen Rollen wieder. Seine wichtigste und größte Aufgabe ist, meiner Meinung nach, die Rolle als Ehemann (Partner), Vater und Liebhaber. Die lässt sich nicht so leicht austauschen, die bleibt einem in der Regel zeitlebens. In der Ehe treffen sich zwei Menschen, die lernen müssen, mit den Abgründen des anderen zurecht zu kommen. Das ist schwer und oft zum Davonlaufen.

Der Mann ist gefordert, den Erwartungen der Menschen gerecht zu werden und nicht selten ist er überfordert. So kommt es, dass viele Mütter mit vierzig von ihren Männern verlassen werden, weil diese nicht in der Lage sind zu bleiben. Wir leben in einer instabilen, multioptionalen Zeit, in der vieles möglich und wenig wirklich fix und bleibend bindend ist. So werden Leiharbeiter angestellt, die man schnell wieder freisetzen kann, mit unbefristeten Arbeitsverträgen wird gespart, auch in der Politik scheinen die gesprochenen Worte oftmals ohne bleibende Gültigkeit zu sein. Das gilt leider auch für viele infantile Männer, die lieber beleidigt davonlaufen, anstatt ihren Mann zu stehen und der Frau und den Kindern ein zuverlässiger Ehemann (Partner) und Vater zu sein.

Aber unsere Welt braucht Verlass und Gewähr. Sie braucht Männer, deren Wort morgen auch noch Verbindlichkeit hat, sie braucht Väter, deren Bindung an die Kinder morgen auch noch Qualität hat, sie braucht Ehemänner und Partner, die für ihre Frauen einstehen, sie braucht Arbeitnehmer, auf die man wirklich zählen kann.

Es ist kein Wunder, dass manche Männer immer wieder mit ihren unterschiedlichen Rollen in Konflikt geraten. Rollen, in die sie mehr oder weniger freiwillig geschlüpft sind. Aber wie geht man als Mann damit um? Wie wird man allen gerecht? Geht das überhaupt? Will man das denn? Und wer hat etwas davon? Männer sind letztlich nur einem voll verantwortlich, das sind sie selbst. Solange sie sich jeden Tag im Spiegel anschauen können, so lange sie sich selbst verzeihen können, dass sie da sind, ist die Welt mit all ihren unerfüllbaren Erwartungen doch in Ordnung ...

Erst wenn Männer in der Lage sind, andere zu verletzen um sich selbst treu zu bleiben, sind sie reife und ganze Kerle. Wir können es nicht jedem immer recht machen, wir müssen – ob es uns gefällt oder nicht – vor allem vor uns selbst bestehen können. Wie das gehen könnte, sei im Folgenden angedacht:

1. Manchmal steht uns das Hemd näher als der Rock

Es hilft alles nichts. Wir kommen – bei aller Liebe zu den Mitmenschen – nicht drum herum, uns selbst zu mögen. Das heißt, dass wir auf unsere Bedürfnisse hören, sie wahrnehmen und auch frei artikulieren: „Heute bin ich müde, ich möchte gerne eine halbe Stunde ausruhen, dann komm ich auf dich zu," sagt der Mann zur Frau, als er von der Arbeit nach Hause kommt.

Jetzt kennt sich die Partnerin aus, sie weiß um den Zustand ihres Mannes Bescheid, sie fühlt sich nicht um seine Zuwendung betrogen, denn sie weiß, dass er nach der Ruhepause auf sie zukommen wird. Und der Mann sorgt für sich. Er spürt, dass er müde ist, dass er ein paar Minuten Entspannung braucht, um sich dann wieder voll auf seine Familie zu konzentrieren. Nur wer sich selbst liebt, nur wer sich selbst und seine Bedürfnisse gut kennt, kann auch anderen gerecht werden.

IMPULS

Nehmen Sie sich heute Zeit für eine kurze Selbstbesinnung. Was brauchen Sie jetzt gerade? Was hindert Sie daran, sich diesen Wunsch jetzt auch zu erfüllen? Womit könnten Sie sich heute eine Freude bereiten? – Das kann eine heiße Dusche oder ein Saunabesuch, es kann aber auch ein Spaziergang oder ein kleiner Ausflug sein. Und dann tun Sie dies bitte auch für sich!

2. Eins nach dem anderen, nicht alles zugleich

Niemand hat etwas davon, wenn wir uns von ungehörigem Erwartungsdruck, von Stress und Hetze bestimmen lassen. Rom ist bekanntlich auch nicht an einem Tag erbaut worden und genauso verläuft es im Leben eines Mannes. Wir müssen lernen, unser Leben nach Prioritäten zu sortieren und dementsprechend aktiv zu werden. Dazu gehört auch der Mut, einiges an unnötigem Ballast abzuwerfen und wegzulassen. Meistens passiert dann nicht wirklich viel. Eine kurze, direkte, vielleicht auch bohrende Nachfrage. Und bei entsprechender Erklärung verstummt der Widerstand sehr oft und wir sind frei das zu tun, was in unserer Macht steht und was wir auch noch mit einer gehörigen Portion an Freude verrichten können.

Die Freude sollten wir sowieso nie verlieren, egal was passiert. Die Freude am Leben darf unsere weitere Triebkraft für neue Entscheidungen bleiben. Und wenn wir sie verloren haben, sollten wir uns auf die neue Suche nach ihr machen.

IMPULS

Erstellen Sie heute eine Liste aller Rollen, die durch Sie persönlich zu besetzen sind. Dann überlegen Sie, welche Aufgaben heute konkret auf Sie zukommen. Nummerieren Sie jetzt diese Aufgaben nach Wichtigkeit von eins bis fünf. Nummer fünf streichen Sie nun von der Liste oder verschieben deren Aktualität auf ein anderes, späteres Datum. Sie werden sehen, dass Sie freier und unbekümmerter an ihre nächsten Projekte herantreten werden. Halten Sie es aus, wenn Sie manche Leute warten lassen, wenn Sie unfreundlich werden, das ist kein schlechtes Zeichen.

3. Wir lassen uns die Freude niemals nehmen

Heutzutage befinden sich viele Männer im emotionalen und spirituellen Exil. Sie leben in einem existentiellen Niemandsland, sie wissen nicht so recht, wo sie herkommen, wo sie hingehen und wie es um sie bestellt ist. Die traditionellen Bindungen wie Beruf, Wohnort oder Ehe lösen sich auf und führen zu einer enormen sozialen und kulturellen

Verunsicherung. Jetzt ist jeder für sich selbst verantwortlich. Viele Männer suchen schwer nach ihrer Rolle als Ehemann, Vater, Freund, Berufstätiger ... in einer bodenlos unübersichtlich gewordenen Welt, in der nichts mehr so ist, wie es vor 50 Jahren vielleicht auch nicht war.

Das jedoch ist unsere Berufung! Wir Männer sind nicht dazu geschaffen, gesenkten Hauptes durch das Leben zu wanken. Wir dürfen uns wirklich und ehrlich freuen: an der Sonne, am Spiel der Farben, an unserem Atem, an unseren Liebsten, wir dürfen tanzen und jubeln. Dann ergeht es uns wie dem Psalmisten: „Du hast mein Klagen in Tanzen verwandelt, mein Trauergewand hast du gelöst und mich umgürtet mit Freude." (Ps 30,12)

Wir haben Grund zur Freude und wir sind keine Spielbälle unserer Emotionen, Launen und Tagesverfassungen. Mit etwas Vernunft und viel Neugierde werden wir die Freude jeden Tag aufs Neue finden. Wer sie sucht, wird sie des Morgens an der Schwelle seiner Türe sitzend finden. Nichts kann so schlimm sein, dass wir nicht dennoch dem Untergang mit großer, tiefsitzender Freude trotzen. Sie ist wie ein Fluss, der sich durch das Leben schlängelt, manchmal unterirdisch, unsichtbar sozusagen, aber immer gegenwärtig, immer real, immer abrufbar. Selbst in der Trauer haben wir die Möglichkeit unser Leiden in Leistung zu transformieren, aber eben alles zu seiner Zeit.

IMPULS

Verfassen Sie heute ein fröhliches Dankgebet. Bauen Sie alles in das Gebet hinein, was Ihnen wirklich Freude macht. Lassen Sie sich dabei von Ihrem Gedächtnis, von Ihrer Vernunft leiten und sparen Sie nicht mit Lob. Schreiben Sie Ihr fröhliches Dankgebet auf. Vielleicht möchten Sie es sogar in einem Vierzeiler dichten und mit einer einfachen Melodie untermalen?

4. Planen Sie einen Oasentag

Es gibt Ehepaare, die gönnen sich einmal in der Woche, oder zumindest einmal im Monat einen Oasentag. An diesem Tag bekommt abwechselnd der Partner bzw. die Partnerin frei zur unbekümmerten Gestaltung dieses Oasentages. Ein erwartungsloser und absichtsfreier Oasentag ist natürlich ein Luxus, aber wer sollte sich diesen Luxus gönnen, wenn nicht Sie? Fahren Sie mit dem Rad, machen Sie eine Skitour, organisieren Sie einen Stadtbummel, gönnen Sie sich eine Wellness-Anwendung. Egal, was Sie tun, nichts ist so wichtig, wie Ihre Erholung. Der Arbeitgeber und Ihre Familie werden es Ihnen danken, denn Sie werden ganz erholt und wie ausgewechselt wieder zu ihnen zurückkommen. Erst wenn wir lernen loszulassen und zuzulassen, sind wir empfänglich für Neues und Unerwartetes.

Ich persönlich fahre an meinem Oasentag mit dem Rad ziellos durch die Gegend. Und wo es mir gefällt, da mache ich eine Pause, packe meine Brotzeit aus, trinke ein Bier und schau mir sozusagen die Wolken aus der Maulwurfsperspektive am Boden liegend an. Manchmal nehme ich auch etwas zum Schreiben mit und tanze dann im Gras oder – je nach Jahreszeit – im Schnee mit den Buchstaben.

IMPULS

Sprechen Sie mit Ihren Vertrauten über einen geeigneten Oasentag und setzen Sie ihn einfach in die Tat um. Argumentieren Sie vernünftig und erklären Sie, dass es für alle das Beste ist, wenn Sie sich regelmäßig Auszeiten gönnen. Warten Sie nicht lange, überlegen Sie nicht lange, tun Sie einfach, was zu tun ist: zweckfrei und absichtslos. Das schafft Nischen, in denen Sie sich sicherlich wohl fühlen und gut aufgehoben wissen.

Typisch männlich

Vielleicht gibt es das typisch Männliche so gar nicht? Es ist jedenfalls viel mehr als das Gegenteil vom typisch Weiblichen, welches seinerseits das Männliche zu entdecken und zu bewahren sucht. Männlich ist vielleicht der Wille zum Aufbruch in das unbeliebte Land der Veränderungen, des Neuanfangs, das Ertragen und Aushalten von Gegensätzen, das Überschreiten von Grenzen ...

Die modernen Sozialwissenschaften unterscheiden mit dem Begriff „Gender" das soziale Geschlecht vom biologischen „Sex". Von daher macht es Sinn, über das bleibend Männliche im Manne nachzudenken. Grundsätzlich bildet es die Gegenseite zum Weiblichen, die Vertikale des Kreuzes zu dessen Horizontale. Beide gehören zusammen und beide müssen aufeinander zugehen und voneinander lernen. In Männern schlummert weibliche Energie und das ist gut so. Wäre dem nicht so, würden Männer verkopft und äußerst hart Kirche, Staat und Familie leiten, es mangelte ihnen an Intuition und Inspiration, sie wären auf Funktionalität und kalte Rationalität reduziert. Der Mann muss sich also gewissermaßen zur Weiblichkeit hin orientieren um ganz zu werden und umgekehrt.

Demgegenüber gibt es aber tatsächlich typisch Männliches. Es ist kein Geheimnis, dass die Hälfte des Lebens aus Männlichem besteht. Egal ob es sich dabei um Gott selbst, der uns wie Vater und Mutter nahekommt, um Menschen, Tiere oder Pflanzen handelt: Die Welt wird vom Männlichen zu 50% durchflutet. Diese Energie ist per se nicht schlecht. Sie ist nicht automatisch gewalttätig, fantasielos, besitzergreifend oder demütigend. Sie ist in Reinkultur kräftig, durchsetzungsfähig, sie ist getragen von liebevoller Fürsorge und beschützendem Für-Sein. Sie ist getragen von kreativer Zeugungskraft, die unsere Spezies am Leben erhält. Männlich sind Männer nicht allein durch ihr Geschlecht, ihr Testosteron, ihre tiefe Stimme, ihren Bartwuchs, ihre breiten Schultern und sprichwörtliche Manneskraft.

Im Mann schlummern mythologisch gesehen vier Archetypen, die ihn zum Mann werden lassen: der liebende, kämpfende, weise und königliche Mann. Sie gelten jederzeit und überall und wurden von vielen Wissenschaftlern, die sich völkerübergreifend mit alten Mythen, Märchen und Legenden auseinandersetzten, erforscht. Diese Archetypen (griech. Ursprungs- bzw. Anfangsbilder) prägen den Mann, offenbar hat jeder Anteil an ihnen. Wir finden die Archetypen übrigens auch bei den Frauen als Liebhaberin, Amazone, Prophetin und Königin. Von den Archetypen geht eine große Faszination aus und der gereifte Mann vermag in der Tat diese vier Urbilder des liebenden, kämpfenden, weisen und königlichen Mannes auf positive Weise in seine Seele zu integrieren. Sie machen den Mann tatsächlich heilig und ganz, sie versinnbilden die männliche Gestalt von Heiligkeit. In Jesus finden wir alle Archetypen vervollkommnend gegeben. Er bewegt sich – auch für viele Nichtchristen einsichtig – sicher auf dem schmalen Pfad der totalen männlichen Integrität.

1. Archetyp: Der liebende Mann

Liebe ist nichts für Feiglinge. Liebe ist die höchste Form der Hingabe und Selbstentäußerung. Wer liebt, liefert sich aus und ist verwundbar.

Jeder Mensch wünscht sich Liebe und Anerkennung. Nicht jeder bekommt Liebe in gleicher Weise, aber allen liegt sie offen, von allen will sie entdeckt und erfahren werden. Der Mann als Liebhaber liebt das Leben, er liebt die Menschen, er geht auf sie ein, hört ihnen aufmerksam zu, tanzt mit ihnen, er kennt die Ekstase und überschreitet sozusagen im Liebesrausch sein endliches Leben gemeinsam mit seiner Geliebten. Er vergibt den Menschen und bricht auch Regeln zugunsten des Bedürftigen, der ihm wichtiger ist, als das gedruckte, tote Gesetz.

Vom Liebhaber geht eine heilende Wirkung aus, er nimmt den Menschen so, wie er ist. Er schenkt ihm Zuneigung, Integration, Aufmerksamkeit, er holt ihn aus der Isolation in die versöhnliche Gemeinschaft zurück. Der Liebhaber ist zärtlich und sinnlich, er kennt keinerlei Anzeichen von Unterdrückung, Spaltung oder Zurückhaltung. Sein Symbol ist der Wein, er steht für die Sinnlichkeit und ausgelassene Freude, die mit seinem Wesen verbunden ist. Heute treten Liebhaber oft als Künstler, Musiker, Bildhauer auf. Als Menschen eben, die das Wahre, Gute und Schöne zu genießen vermögen. Der Liebhaber bildet das Korrektiv für den Krieger, er ist sozusagen seine weiche, liebevolle Seite, die der kämpfende Krieger nicht verdrängen und vergessen darf.

Im Kontrast zum Liebhaber steht der Süchtige, der sich die Freude sozusagen künstlich und exzessiv erzeugen muss, er kann es nicht erwarten und nimmt sich jetzt, was er will. Er fristet in einer unnatürlichen Scheinwelt sein Dasein – oft bis zur Selbstzerstörung.

IMPULS

Wann haben Sie das letzte Mal geweint? Liebhaber unterdrücken ihre Gefühle nicht, sie lassen ihnen freien Lauf. Achten Sie heute auf das Zärtliche, Leidenschaftliche und auf die Hingebungsbereitschaft in Ihnen. In Ihnen lebt der sinnliche Eros genauso, wie die reife Liebe der Agape, die sich an die anderen verschenkt. Entdecken Sie heute auch die Philia, die freundschaftliche Liebe in Ihnen und suchen Sie die Nähe eines guten Freundes, mit dem Sie sich darüber austauschen können.

2. Archetyp: Der kämpfende Mann

Man hat viele Männer weichgeklopft und den häuslichen Gepflogenheiten angepasst, dabei steckt in jedem von uns ein ungezähmter, wilder Abenteurer, ein Krieger, der eine wichtige Schlacht gewinnen will.

Der Krieger im Manne steht für die Ausdauer, den Mut, das Leben zugunsten der Hilflosen anzupacken, sich lautstark und energisch für deren Wohl einzusetzen und Schlachten zu schlagen, die gewonnen werden wollen. Krieger kämpfen kompromisslos gegen das Böse, gegen die Vernichtung und Unterdrückung des Lebens. Krieger lehnen falsche Macht und deren Symbole entschieden und furchtlos ab. Die kriegerische Liebe ist abwartend und fordernd. Wo der Krieger auftritt, wird die Unruhe und das Chaos zur Ruhe und zum friedvollen Ort. Der Krieger weiß, dass es mutig ist, die Macht der Gewaltlosigkeit zu praktizieren. Das Symbol des Kriegers ist das Schwert der Unterscheidung, das Schwert, mit dem man beschützen, teilen und verteidigen kann. Der Fanatiker bildet den Gegenpol zum guten Krieger. Er mordet anstatt zu beschützen, er fristet ein dunkles Schattendasein, das Freude an der Vernichtung des Lebens hat. Wir finden Fanatiker in Männern, die andere grausam beherrschen und unterdrücken, z.B. in unterschiedlichen Formen des extremen Militarismus.

IMPULS

Wann sind Sie das letzte Mal energisch für sich oder einen Schwächeren eingetreten? In dieser Tat lebt Ihr kriegerischer Instinkt, der schützt und verteidigt, der anpackt und sich mit vielen Gegebenheiten gar nicht zufrieden gibt. Notieren Sie, wie Sie den Krieger in Ihnen leben wollen, wie er Ihren Alltag durchdringt und was dabei herauskommen soll.

3. Archetyp: Der weise Mann

Wir sind zu Propheten getauft, aber viele vergessen dies, realisieren dies nicht und dümpeln in einem weltgefälligen, haltlosen Leben dahin.

Der Weise wird mit dem Buch dargestellt, welches für ein lebenstaugliches Wissen steht. Weise Männer sind nicht unbedingt hochintelligent, aber sie verstehen die Sinnzusammenhänge dieses Lebens, sie vermögen Gegensätze zu verbinden und halten sie aus. Weise stehen für Achtsamkeit, Bewusstheit und Verwandlung. In unserer Welt treten sie als Beichtväter, geistliche Begleiter, Priester, Sozialreformer, Journalisten oder auch als Philosophen auf. Sie sprechen gerne in Bildern, in Rätseln, in Beispielerzählungen oder in kurzen Aphorismen. Allerdings dürfen wir es uns nicht zu einfach machen. Wahre Weise halten mit schnellen Antworten gerne zurück, sie schicken uns vielmehr auf die spirituelle Reise, auf der wir dann unsere eigenen wertvollen Erfahrungen machen. Weise sind in der Regel bedächtig, besonnen und barmherzig. Die höchste Form des Weisen sind die Propheten, die den Menschen ganz schön ins Gewissen reden, weshalb sie vielfach abgelehnt werden. Propheten treten für einen anderen ein, sie sind gerufene Rufer (hebr. *nabi*). Weise denken viel und gerne und wer denkt, ist oft auch einsam. Der Weise ist es, der dem König gelegentlich die Leviten liest, denn nur ein weiser König ist auch ein guter König.

Der Scharlatan oder Blender ist die Missform des Weisen. Er kleidet sich in Gewänder der Gelehrten, umgibt sich mit akademischen Titeln, er bläht sich auf, lässt sich loben und feiern und manipuliert z.B. als Demagoge oder Sektenführer die Menschen.

IMPULS

Stellen Sie sich die Frage: Wer bin ich als Weiser? Womit beschäftige ich mich dann? Nehmen Sie sich Zeit, dieser Frage auf den Grund zu gehen und überlegen Sie, wohin Ihre Reise als weiser Mann gehen könnte.

4. Archetyp: Der königliche Mann

Wir sind Könige, aber oft genug vergessen wir, wer wir sind und leben weit unter unseren Möglichkeiten.

Der König lebt bewusst und entschieden. Sein Symbol ist die Krone. Er weiß um seine Würde, er hält sein Reich zusammen. Der ruhig auf seinem Thron sitzende König verkörpert die Mitte des Lebens, von der Ordnung, Wegweisung und Kraft ausgehen. Der König steckt die Grenzen seines Reiches ab, welches vom Krieger verteidigt wird. Je größer seine Liebe und Großherzigkeit sind, desto größer ist sein Reich. Ein kleiner König beherrscht ein kleines Reich und so müssen beispielsweise die Flüchtlinge oder Andersdenkenden bei kleinen, engherzigen Königen draußen bleiben. Beim guten König steigt dessen Autorität, denn seine Untertanen, die ihm ihre volle Aufmerksamkeit schenken, wissen sich bei ihm gut behütet. Der König ist heute im Vater oder Hirten versinnbildlicht. Der Vater lebt nicht primär sich, sondern seinen Kindern, seinen Anvertrauten, als Lehrer oder Erzieher seinen Schützlingen und als Chef seinen Arbeitnehmern ... Der König steht für stabile Energie, die Angst zu bannen vermag. Täuflinge werden in der Taufe zu Königen gesalbt, wir sagen ihnen dabei Heiligkeit zu.

Der Schattenkönig hingegen macht andere von sich abhängig, er verflucht und beneidet alle, die ihre eigenen Wege gehen, er entmachtet sie nach Möglichkeit und übt als Politiker auf schwache Menschen eine große Faszination aus, die letztlich in nichts anderem besteht, als in leeren Versprechungen. Bei näherer Betrachtung lösen sie sich sofort in Luft auf. Er hat rein gar nichts zu geben. Er ist nur aufgeblähter Schall und Rauch.

IMPULS

Kleiden Sie sich heute in ein schönes, langes Gewand oder in eine Decke. Dann setzen Sie sich vor ihre Familie hin und bitten Sie diese, Ihnen mitzuteilen, wie Sie auf sie wirken. Lassen Sie sich spielerisch korrigieren, dann wechseln Sie die Rollen, bis alle durch sind. Erst wenn alle bei jedem der Meinung sind, dass sie in königlicher Würde auftreten, ist das Spiel beendet.

Brüche und Aufbrüche im Leben des Mannes

„Ich möchte eine Lebensversicherung abschließen", sagte der junge Mann seiner Versicherungsvertreterin. – „Aber Sie waren ja wochenlang in einer psychiatrischen Klinik. Tut mir leid, ein brennendes Haus versichern wir nicht", entgegnete die Frau kurz und entschlossen.

Körperliche oder seelische Gebrechen des Mannes treten nicht erst mit der Lebensmitte auf, sie begleiten den Mann gewissermaßen ein ganzes Leben lang. In akribischer Spitzfindigkeit versucht der Mann gewöhnlich seine Schatten zu verstecken, so als ob sie nicht sein dürften. In Bewerbungsmappen soll der Lebenslauf keine auffälligen Lücken enthalten. Im Berufsleben sollten besondere Krankheiten möglichst gar nicht vorkommen und psychische Störungen haben offiziell schon gar keinen Platz im Leben eines Mannes. Dabei ist der Ort der Wunde zugleich der Ort der größten Stärke. Sobald er dies begriffen hat, wird ihm das Leben leichter, er lebt intensiver und vermag auch anderen Menschen ein großes Vorbild zu sein.

Ich denke, dass es eben nicht nur an der Gesellschaft liegt, wie man mit Lebensbrüchen umgeht. Auch der einzelne Mann selbst ist gefragt, wie er auf seine dunkle Geschichte blickt und was er daraus macht. Grundsätzlich gilt, dass eine verheilte Bruchstelle standfester und strapazierfähiger ist, als ein sogenanntes „Ganzes", d.h. ungebrochenes Lebensstück. Rein medizinisch ist es auch so, dass dort, wo der Knochen gebrochen ist, mit der Heilung eine Knochenerweiterung an derselben Stelle entsteht, die den Knochen nachher viel belastungsfähiger macht, als er es vorher je gewesen ist.

Ich bin der Überzeugung, dass der Mensch erst zum Original wird, wenn er sich seine Gebrechlichkeit zugesteht und sie öffentlich fruchtbar macht. Dazu braucht es Ventile, die unser Innenleben sozusagen nach außen vermitteln und der Welt zugänglich machen. Für manche Männer ist dies die Arbeit an sich, die sie gerne und voller Hingabe verrichten. Es macht wirklich Sinn, sich eine Arbeit zu suchen, hinter der man voll und ganz stehen kann und die einen auch erfüllt.

Für andere ist es außerdem ein Hobby, etwa die Betreuung von jungen Fußballern im Fußballclub oder die Begleitung von Firmlingen in der Pfarrgemeinde. Wieder andere sehen in der Kunst und Kreativität, z.B. in Form von Bildern, Liedern, Fotos usw. eine Ausdrucksmöglichkeit von sich weg-, auf andere Menschen zuzugehen. Es geht immer um die Ekstase, um das Von-sich-weg-Gehen, das dem Mann die Freiheit gibt, aus seiner engen, kaputten Welt herauszutreten. Es gibt Männer, die vergraben sich so lange in ihrem Garten, bis daraus ein kleines, bewundernswertes Paradies geworden ist. Außerdem sehen viele Männer ihre Berufung darin, für andere, z.B. für alte, einsame oder kranke Menschen da zu sein.

Bei all diesen Möglichkeiten geht es darum, seine Gebrechlichkeit für das Leben fruchtbar zu machen und sie in den Dienst der Menschen zu stellen. Es ist bedeutsam, nicht bei sich und seinem Schmerz zu bleiben, sondern diesen zu verwandeln und dem heißen Magma des Vulkanes gleich, zu fruchtbaren Boden für neues Leben zu transformieren.

Wer in sich verkrümmt bleibt, den erschlägt sein Leiden. Was wir unter keinen Umständen machen dürfen, ist: unsere Gebrechen ständig zu betrauern, uns in schwerem Selbstmitleid zu versenken, unseren Schmerz im Drogenrausch zu ertränken oder gar in unkontrollierten Aggressionen Lauf zu lassen. Tun wir dies, verschlimmert sich unsere Lage zusehends und es wird immer schwerer aus dem Loch des gebrochenen Lebens herauszukommen. Jeder Mann ist ein Energiebündel.

Im Idealfall entlädt sich die männliche Kraft in guten und sinnvollen Bahnen, wie sie oben beschrieben wurden. Tut sie das nicht, verweigert der Mann die fruchtbare Expansion nach außen. Die Energie richtet sich gegen andere oder gegen sich selbst. Dann kommt es sozusagen zu einer Explosion oder Implosion, zu einer Art der Selbstzerstörung. Dann war alles umsonst.

IMPULS

- **Betrachten Sie heute das Bild des Gekreuzigten. Blicken Sie dabei in seine offenen Wunden. Meditieren Sie diese Wunden und legen Sie symbolisch Ihre eigenen Wunden in die Seinen. Wir dürfen die Wunden unseres Lebens betrachten, denn sie könnten uns zu Perlen ungeahnter Schönheit werden.**
- **Denken Sie über den Satz meiner damals etwa 10-jährigen Tochter nach: „Wenn ein Schutzengel lächelt, dann ist es so, als ob ein zerbrochenes Herz zum Leben erwacht." (Lena-Maria Kuster)**

Wie ein Mensch seine Gebrechen annehmen und überwinden kann, ist hier in zwölf Punkten zusammengefasst:

1. Hören Sie auf Ihr Gewissen

Das Gewissen (lat. *conscientia*; griech. *syneidesis*, d.h. Mitwissen) gleicht einem Kompass, der stets die richtige Richtung anzeigt, während wir Männer manchmal in die falsche Richtung gehen. Das Gewissen ist die heilige Mitte im Leben eines Mannes, wo er allein mit sich und Gott ist, der ihn Gutes von Falschem unterscheiden lehrt. Das Gewissen will natürlich gebildet werden und bedarf guter „Fütterung", etwa durch passende Lektüre, anspruchsvolle Filme, anständige Freunde und vor allem durch viele gute Taten. Dann regt es sich pausenlos und verstummt nicht zu einer nutzlosen Einrichtung einer verkümmerten menschlichen Seele.

IMPULS

Ein guter Gewissensspiegel ist die Bergpredigt (Mt 5 – 7) oder auch die Zehn Gebote (Ex 20,1-17). Lassen Sie sich heute von einigen Zeilen aus der Bibel inspirieren, meditieren Sie diese, lassen Sie sich davon berühren und hören Sie darauf, was bei Ihnen an konkretem Handlungsimpuls ankommt.

2. Pflegen Sie Dankbarkeit

Es ist nicht selbstverständlich, dass wir sind, dass wir leben, atmen, dass wir sehen, hören, schmecken, riechen, dass wir da sein dürfen. Gerade Männer definieren sich gerne über das, was sie haben und leisten. Das ist jedoch eine eingeschränkte Sichtweise. Paulus formuliert es so: „Und was hast du, das du nicht empfangen hättest?“ (1 Kor 4,7) Leben ist ein Geschenk. Es entzieht sich grundsätzlich unserer Machbarkeit. Wir dürfen es dankbar annehmen und bejahen – auch und gerade, weil es uns schwer fällt. Denken und danken sind gute Freunde. Wenn wir z.B. den Satz „Es ist gut, dass ich da bin“ wiederholt bewusst denken, wird auch unser Gemüt in eine bisher unbekannte stille Freude und Dankbarkeit hineingeformt.

IMPULS

Dankbarkeit ist der Schlüssel zu einem erfüllten Leben. Setzen Sie heute vor jedes Wort, das Sie sprechen, vor jede Tat, die Sie verrichten, das kleine Wörtchen „Danke“.

3. Orientieren Sie sich an Vorbildern

Sie existieren tatsächlich und sind wie ein Wegweiser, der uns nicht in die Irre führt. Die ersten Vorbilder sind unsere Eltern, es kann sich aber auch um Lehrer, Politiker oder Heilige handeln. Menschliche Vorbilder gibt es, je älter wir werden, immer weniger. Mit der Zeit werden wir selbst (hoffentlich) zum lebendigen, progenerativen Vorbild für die Jüngeren.

Wer lange sucht, der findet. Unsere Namenspatrone sind stete und stille Begleiter auf unserem Lebensweg. Es lohnt sich, ihre Biographien zu studieren und sich nach ihren Intentionen im Alltag auszurichten. Gewissermaßen sind Heilige ein konkret gewordenes Evangelium, das menschliche und greifbare Gestalt angenommen hat und in unsere Welt direkt hineinwirkt.

IMPULS

Suchen Sie heute im digitalen Ökumenischen Heiligenlexikon (https://www.heiligenlexikon.de/) nach Ihrem Namenspatron. Lesen Sie die Biographie Ihres Heiligen und schreiben Sie heraus, was dies mit Ihrem Leben zu tun haben könnte. Geben Sie der Biographie eine griffige Überschrift, die als Motto für Ihr Leben gelten könnte.

4. Lassen Sie los

Die meisten geistlichen Lehrer aller Zeiten sprechen unentwegt vom Loslassen unserer festgefahrenen und liebgewordenen Überzeugungen, Gewohnheiten, Machtansprüche und Ansichten. Umkehr stellt uns auf den Kopf und macht Platz für Neues. Sie lässt die Ich-Sucht schwinden. Sie macht uns offen für unsere eigenen Bedürfnisse und jene unserer Mitmenschen. Ich kann nur loslassen, wenn ich liebe, dann kralle ich mich nicht mehr an das bisschen Leben, das mir auf Erden geschenkt ist, dann vertraue ich darauf, dass sich die Welt auch ohne mich weiterdrehen wird.

IMPULS

Meist sind wir voll mit Wünschen, Beschwerden und Sehnsüchten. Richten Sie diese heute total auf Gott, auf die Erfüllung aller Sehnsucht. Sprechen Sie dazu den Satz: „Ich lasse alles los, was mich hindert, dich zu lieben. Ich lasse mich auf dich ein. Hilf mir so zu sein, wie dein Sohn Jesus."

5. Erinnern Sie sich stets an Ihre Kindheit

Die Kindheit ist für viele Männer wie eine kleine, heile Welt, deren Licht in unsere alltägliche Lebenswelt leuchtet. Wer sich stets daran erinnern kann, ein Kind gewesen zu sein, der wird nicht wirklich alt, der bewahrt sich eine gesunde Naivität, die man im Leben braucht, um nicht alles so ernst zu nehmen, wie es ist. Bekanntlich ist es nie zu spät für eine gute Kindheit. In diesem Sinne ist es wieder der Mann, der durch seine Interpretation des Gegebenen Wirklichkeit stiftet und auf sich wirken lässt. Wer als Erwachsener auch aus der Perspektive eines Kindes leben und denken kann, ist menschlich sehr weit entwickelt.

IMPULS

Nehmen Sie heute ein altes Fotoalbum zur Hand. Suchen Sie ein altes Kinderfoto von Ihnen. Wie haben Sie damals gedacht, gelacht, geweint? Sie sind derselbe geblieben und doch ein anderer geworden. Lassen Sie sich vom kindlichen Gemüt in Ihnen einen Tag lang begleiten.

6. Bewahren Sie sich eine Brise Heiterkeit

Vielleicht hat Gott den Frohsinn erschaffen, um die Welt vor der totalen Vernichtung zu bewahren? Für einen humorvollen Menschen gibt es keine Misserfolge, nur Ergebnisse. Und Ergebnisse sind noch lange keine Probleme, sie sind Situationen und die kann man verändern. Der Humor rückt den Augenblick jedenfalls an die geeignete Stelle. Bevor die Wurzelsünde, der Hochmut, nicht totgelacht wurde, kann ein Mann nicht werden, was er ist: ein Mensch. Humor ist das große Geschenk, trotzdem und sehr gerne auch über sich selbst zu lachen. Humor hat mit Humus, d.h. Erde zu tun. Der Mensch (lat. *homo*) ist ein Erdling. Ein heiterer Mensch ist gut geerdet, er steht mitten im Leben, er haftet mit beiden Beinen in der Realität des Daseins, er ist auch demütig genug, um sich nicht über sich selbst oder über andere zu erheben, um nicht abzuheben und lebensfremd zu werden. Das lat. Wort für Demut (*humilitas*) ist mit Humor verwandt.

IMPULS

Versuchen Sie heute mit einem Lächeln aufzustehen, dieses durch den Tag zu tragen und abends mit einem freundlichen Lächeln ins Bett zu gehen. Es wird Ihre Stimmung heben, es wird den Tag voller und fröhlicher machen. Ganz gewiss!

7. Lassen Sie sich vom verborgenen Gott finden

Bleiben Sie auf der Suche, kämpfen Sie sich durch die Wolke des Unsagbaren. Wer wirklich glaubt, hat und besitzt im Grunde gar nichts. Völlig wehrlos und schutzlos geht er durch die Welt. Getragen von einem Vertrauen, das auf eine unglaubliche Zukunft ausgerichtet ist, wird ihm jetzt schon Unmögliches möglich. Im übertragenen Sinne könnte man sagen: Lassen Sie sich von Gott finden wie das kleine Kindergartenkind, das von seiner Erzieherin hinter dem Busch entdeckt wird.

IMPULS

Gott ist nicht draußen. Er ist nicht in fernen Ländern und Frauen. Er ist mitten unter Ihnen. Lassen Sie sich von ihm finden und er wird in Ihnen leben. Er wird Sie umgestalten in das Bild Gottes, das er sich seit jeher von Ihnen gemacht hat.

8. Geben Sie sich einer großen Aufgabe hin

Wir Männer finden den Verborgenen vielleicht, wenn wir uns einer Sache oder Aufgabe verschreiben, die unser kleines Leben übersteigt. Wir leben zwar in dieser Welt, wir richten es uns hier häuslich ein, wir fühlen uns hier wohl und das ist gut so. Aber wir dürfen nie vergessen, dass wir für Größeres geschaffen sind. Wir müssen lernen, uns zu transzendieren, unser Leben zu überschreiten in jene Wirklichkeit hinein, aus der wir kommen und auf die wir zugehen. Alles, was wir jetzt gerne und aus Leidenschaft für andere, für die Umwelt, für den Fußballverein ... tun, kommt auf uns zurück. Gerade dann, wenn es uns Männern schlecht geht, sollten wir unserem Leben dadurch ausdrücklich Sinn verleihen, dass wir uns auf pro-existente Art nützlich machen. Dieses bewusste Engagement hilft uns in vielen Fällen, Ängste und Krisen positiv zu bewältigen.

IMPULS

Wir sind nicht zu Kleinem geschaffen, wir dürfen stolz und selbstbewusst nach den Sternen greifen. Wir dürfen Großes wagen und tun. Leben Sie heute Ihren Traum und tun Sie, was Sie tun können.

9. Leben Sie sorgsam und im Augenblick

Multitasking ist heute gefragt. Dabei ist der Mann gut damit beraten, das, was er gerade tut, konzentriert, ganz, behutsam und freudig zu tun. Diese Einstellung verhindert Stress und Trübsinn. Ein zen-buddhistischer Lehrer hat es so auf den Punkt gebracht: „Wenn ich sitze, dann sitze ich, wenn ich esse, dann esse ich, wenn ich gehe, dann gehe ich." Wir haben es wahrscheinlich schon oft gelesen und gehört, und dennoch liegt in der aufmerksamen und achtsamen Hingabe an den Augenblick unsere Rettung verborgen. Ich glaube wirklich, dass uns der Augenblick retten kann, denn es gibt keinen günstigeren Moment auf der Welt als das Jetzt. In ihm ist alles zusammengefasst: unsere gelebte und gedachte Vergangenheit, unsere geschenkte Gegenwart und unsere ersehnte Zukunft. Wenn es uns gelingt, aus dem Augenblick eine kleine Ewigkeit werden zu lassen, dann haben wir tatsächlich gewonnen, dann ist der Himmel nicht mehr weit, weil wir jetzt schon – unabhängig von unseren Gebrechen und Schmerzen – mitten drin sind.

IMPULS

Versuchen Sie heute zu schreiben, wann Sie schreiben, zu essen, wann Sie essen, zu gehen, wann Sie gehen, zu schweigen, wann Sie schweigen ... Versuchen Sie es. Lassen Sie sich von nichts dazu verleiten, mehrere Dinge gleichzeitig und halbherzig zu tun. Dann warten Sie ab, was passiert.

10. Vergessen Sie nie, wer Sie sind

Der Reformator Martin Luther hat sich in schweren Tagen damit getröstet, dass er getauft ist. Und Papst Leo der Große hat es im 5. Jh. so formuliert: „Christ erkenne deine Würde! Du bist der göttlichen Natur teilhaftig geworden, kehre nicht zu der alten Erbärmlichkeit zurück und lebe nicht unter deiner Würde ..." Es ist noch nicht gänzlich evident, aber wir Männer sind tatsächlich Ebenbilder Gottes, wir sind Söhne Gottes und dürfen uns dementsprechend selbstbewusst und aufrichtig verhalten. Das ist Aufgabe und Gabe zugleich. Wir Männer tun gut daran, uns auch Gleichgesinnten anzuschließen, die mit uns unterwegs sind, denn es ist unmöglich, alleine Mann bzw. Christ zu sein.

IMPULS

Sie sind jemand, lassen Sie sich das von niemandem ausreden! Leben Sie heute gemäß Ihrer Würde als Mann, als Mensch, als Sohn Gottes.

11. Kommen Sie mit Ihren Liebsten ins Reine

Suchen Sie die Nähe zu Ihrem Vater, Ihrer Frau, Ihren Kindern und Geschwistern und setzen Sie sich Ihnen aus. Es geht primär nicht darum, dass wir Großes vollbringen oder leisten, es genügt, wenn wir einfach mal gerne ein paar absichtslose Stunden mit ihnen verstreichen lassen. Das klingt so selbstverständlich, ist es aber ganz und gar nicht. Es lohnt sich, gerade den allernächsten Menschen bewusst Zeit zu schenken, z.B. in Form eines Spaziergangs, eines Besuches, eines Anrufes, eines Ausfluges usw. Dieses Verhalten vertreibt manche Mühsal und bereitet uns und unseren Liebsten große Freude.

IMPULS

Versöhnung ist der Schlüssel zu einem leichten, glücklichen Leben. Alles andere belastet, schränkt ein, macht hart und unempfänglich für das Leben. Seien Sie heute großzügig in Ihren Gedanken, Worten und Taten.

12. Üben Sie sich in Pünktlichkeit

Georg ist 15 Minuten zu spät zur entscheidenden Bausitzung gekommen. In dieser Zeit haben sein Bauleiter und der Architekt darüber entschieden, dass sich Georgs Haustüre statt 50 cm einen ganzen Meter über dem Erdreich befinden wird. Er hat diesen „kleinen" Beschluss übersehen und nun ist es in Beton festgemachte und nicht mehr umzukehrende Tatsache: Georgs Terrassenniveau liegt nun ohne seinen Einverständnis einen Meter über dem umliegenden Erdreich.

„Wer zu spät kommt, den bestraft das Leben", ist ein geflügeltes Wort. Tatsächlich ist es kein Nachteil, pünktlich zu sein. Wer pünktlich ist, zeigt Struktur, lebt Struktur und pflegt äußeren und inneren Halt. Gehen Sie ruhig nach Möglichkeit eine halbe Stunde früher weg als ursprünglich geplant, die Zeit, die ihnen verbleibt, wird zum zweckfreien Geschenk. Sie müssen nicht jede Lebens- und Arbeitssekunde mit Arbeit und Leistung vollstopfen. Sie werden – wenn Sie pünktlich sind – die Welt mit anderen Augen sehen und das mitten in der Arbeitswoche. Durch Pünktlichkeit zeigen Sie, dass Ihnen Ihre Zeit und die Zeit Ihres Gegenübers wichtig und wertvoll ist. Sie stehlen niemandem die Zeit, Sie zeigen Respekt vor dem anderen und Sie geraten weder in Hetze noch in Erklärungsnot.

IMPULS

Versuchen Sie heute eine halbe Stunde früher loszufahren. Beobachten Sie genau, was dies mit Ihnen macht: Was ist anders, was fällt Ihnen auf, wie ist Ihre Stimmung heute? Wie kommen Sie an?

Dunkle Schatten auf dem spirituellen Weg des Mannes

Niemand hätte gedacht, dass er wiederkommen würde. Er war zwei Jahre lang in Thailand verschollen. Man sagt, er hätte sich dem Drogenrausch ergeben. Sein Abitur hat er nie abgeschlossen, eine Lehre hat er nicht gemacht. Und jetzt ist er wieder da und fängt ganz von vorne an. Man sagt, er sei ein neuer Mensch geworden, seine langen Haare seien kürzer geworden, seine bunten Gewänder hätte er verbrannt, er habe einen festen Wohnsitz und arbeite als Kellner in einem renommierten Gasthaus dieser Gegend.

Der besagte Mann hat in seinem jungen Leben schon viele dunkle Schatten gesammelt. Er schämt sich dafür, doch sie sind ihm auch zum Aufbruch, zum Durchbruch in ein neues Leben geworden. Das ist die große Chance des männlichen Lebens. Es gleicht einer abenteuerlichen Reise von der Geburt bis zum Tod. Damit ist es aber nicht getan. Der Mann begibt sich auch auf eine spirituelle Reise vom naiven, umhegten Kind, zum wahren, progenerativen und reifen Mann. Wenn wir diese Reise willentlich abbrechen oder unterbrechen, machen wir Rückschritte, die uns der breiten Masse und dem seichten, weltlichen Leben gleichmachen. Dann weichen wir ab vom guten, schwierigen Weg und wählen für uns den leichteren, aber auch verdorbenen Weg. Wir dürfen diese Rückschritte nicht rein moralisch sehen, wir dürfen sie auch spirituell sehen, dann sind sie in gewissen Lebensphasen durchaus wichtig und heilsam.

Was wir Menschen nicht alles erreichen wollen in diesem bisschen Leben, das uns auf Erden geschenkt ist. Viele streben eine ordentliche berufliche Aufstiegs- und Verdienstmöglichkeit an, andere wollen Familie und Kinder, Haus und Garten, ein schönes Auto usw. Es ist schon bemerkenswert: Jesus knüpft die Nachfolge an die Bedingung, allen Reichtum hintanzustellen. „Verkauf alles, was du hast, und verteil es an die Armen und du wirst einen Schatz im Himmel haben; dann komm und folge mir nach!“ (Lk 18,22) Der Mann in der Bibel ging traurig weg. Er konnte diesen Weg nicht weitergehen. Ihm wurde offenkundig zu viel abverlangt. Er war nicht bereit, die Ansprüche seines Egos vollends aufzugeben und umzukehren.

Manchen ist es geschenkt ihre Träume zu leben, andere scheitern. Sie schämen sich und kommen nicht ans Ziel. Es hängt wie eine grelle Lampe unerreichbar an der viel zu hohen Decke. Was wir Menschen nicht alles schaffen wollen. Und wieviel davon bleibt unerledigt und gleicht einer abgebrochenen Reise. „Denn Stückwerk ist unser Erkennen, Stückwerk unser prophetisches Reden“, heißt es bei Paulus (1 Kor 13,9). Das bedeutet, dass wir hier – was auch immer wir tun – als Menschen aus eigener Kraft nie ganz zum Ziel kommen. Unser Mühen und Plagen bleibt unvollkommen, bleibt dunkles, schattenhaftes Bruchwerk, das hoffentlich in der Ewigkeit zu seiner Vollendung finden wird.

Sollen wir jetzt aufhören uns wie Reisende in Richtung der aufgehenden Morgensonne zu bewegen? Nein, natürlich nicht. Wir gehen weiter, aber wir wissen, dass wir unsere Reise unterbrechen müssen: Hier und heute bleibt so vieles ungetan bis zu unserem letzten Tag. Es bleibt so vieles unerledigt Tag für Tag: die Frau, mit der wir Frieden schließen wollten, der Mensch, mit dem wir vorhatten uns auszureden, der Traum, der noch immer nicht gelebt und bestenfalls nur gedacht ist ... Das ist ein Schatten, ein Stück Unvollkommenheit, dem viele Menschen zu entfliehen suchen. Sie wollen alles haben und sie wollen es jetzt sofort. Und so packen sie in ihr Leben hinein, was das Zeug hergibt: Sie machen exzessive Ausflüge, teure Urlaube, versäumen keine Party und zeigen allen, dass sie in ihrer Arbeit unersetzlich sind. Aber je mehr sie sich bemühen, je wilder sie strampeln, desto weniger erreichen sie. Ihnen wird Angst und Bange, das macht sie kaputt, dumpf und leer und irgendwann bleiben sie erschöpft und traurig stehen. Mir hat einmal ein geistlicher Mensch gesagt: „Wer aufhört geistig zu wachsen, der schrumpft, der geht sozusagen zurück." So brechen viele ihre Reise ab, bevor sie richtig begonnen hat. Und dann finden sie sich enttäuscht, vereinsamt oder ausgebrannt in Krankenhäusern oder diversen Kliniken wieder und lernen mühsam, ihr Leben neu zu bedenken. Das ist die unterbrochene Reise des Menschen, das ist gewissermaßen auch sein dunkles Schicksal, dem er schwer entkommen kann.

Wir dürfen uns von unseren Misserfolgen nicht blenden lassen. Wir dürfen uns nicht mit unserem Scheitern identifizieren. Wir sind immer mehr, als die Fehler, die wir machen. Wir sind im Kern unzerstörbar und deshalb sind wir bestens damit beraten, wenn wir die Reise in jedem Fall wieder aufnehmen. Niemand verlangt von uns, wann und zu welcher Uhrzeit wir das Ziel zu erreichen haben. Wir haben keinen Druck, wir haben alle Zeit der Welt. Das ist unser großer Vorteil als spirituelle Männer. Wir machen weiter. Wir trotzen allen Versuchungen, die uns vom guten Weg abbringen möchten, die uns zum Abbruch der Reise animieren wollen.

Wie bleiben wir denn auf dem Weg? Wenn wir das Feuer unserer Sehnsucht hüten. Wenn wir unsere Träume bewahren und zu leben suchen, rückt uns auch der Himmel näher. Wenn wir immer wieder in die Tat umsetzen, wovon wir im tiefsten Inneren voll überzeugt sind, verwandeln wir nicht nur uns, sondern auch ein Stück weit diese Erde.

Wenn wir verrückte Dinge tun und uns von der Freude und Dankbarkeit leiten lassen, werden wir andere Menschen mit dem Glück, das wir erfahren, anstecken. Es geht in jedem Fall nicht um tote Buchstaben, es geht um unser Leben: wie wir morgens aufstehen, unseren Körper pflegen; wie wir unsere Frauen und Kinder beim Nachhausekommen nach der Arbeit begrüßen; wie wir unsere berufliche Tätigkeit verrichten und mit schwierigen Menschen umgehen; wie wir unser Auto im Stau steuern.

Übung zum spirituellen Lebensweg

Die folgende Übung hilft Ihnen dabei, genauer darauf zu achten, was Sie auf Ihrem Lebensweg bereits an Gutem erfahren haben, was Sie vermissen, was Sie evtl. noch brauchen usw. Diese Übung ist sehr heilsam und wohltuend. Voraussetzung dafür ist eine gewisse Neugierde und Offenheit für das, was war, ist und sein könnte. Bei dieser Übung haben Sie sehr viel Zeit (ca. eine Stunde in einem abgeschiedenen Raum) für sich, die Ihnen guttun wird. Sie werden Freude an sich selbst finden und Sie werden merken, dass Sie ständig weitergehen, dass Ihre Entwicklung nie zu Ende ist und dass Sie alle Mankos, Brüche und Niederlagen jederzeit in wertvolle, heilbringende Kraftquellen umwandeln können.

- Stellen Sie sich heute in einem ungestörten Raum auf und machen Sie mit einer Serviette ein paar Markierungen für den Ort Ihrer Geburt, Ihrer Kindheit, Ihrer Jugendzeit, Ihrer Ausbildungszeit, Ihrer ersten Liebe, Ihrer ersten Anstellung ... bis hin zum heutigen Tage. Dann machen Sie noch eine Markierung für den Ort, an den Sie zukünftig wollen. Blicken Sie mit viel Liebe auf Ihren persönlichen

Weg und gehen Sie emotional in die Wegmarkierungen hinein. Spüren Sie also z.B. Ihrer Kindheit nach: Was haben Sie da erlebt, was fühlen Sie jetzt? Was brauchen Sie, was vermissen Sie? Machen Sie das Wegstück für Wegstück, gehen Sie immer weiter und legen Sie kurze schriftliche Notizen neben die Wegstücke.

- Geben Sie sich alles, was Sie benötigen, Sie haben die entsprechenden Ressourcen dafür, denn Sie haben es bisher insgesamt sehr gut geschafft. Geben Sie sich z.B. Selbstwert, indem Sie an eine Situation denken und hineinfühlen, wo Sie gesundes Selbstbewusstsein hatten. Holen Sie sich diese Situation ins Bewusstsein und geben Sie es an Ihrer jeweiligen Wegmarkierung an Sie weiter.
- Dann marschieren Sie Ihren Lebensweg von außen ab. Segnen Sie Ihren Weg, sprechen Sie die Worte von außen, das heißt von „neben der Spur“: „Du gehst einen guten Weg, einen Weg des Heils und nicht des Unheils. Gott ist mit dir. Du bist ein Segen für diese Welt!“

Wenn Männer pausenlos beten

Lange war ihm das Gebet lästige Pflicht. Heute kann er nicht mehr anders, er muss beten, um zu überleben. Er hält sich an das Wort des Apostels: „Betet ohne Unterlass!" (1 Thess 5,17) Das immerwährende Gebet gleicht dem Refrain eines schönen Liedes, der einen Menschen durch den ganzen Tag hindurch pfeifend oder summend begleitet und sein Herz mit Freude erfüllt …

Wenn man bedenkt, wie intensiv und konzentriert manche Männer ein Mobilfunkgerät bedienen oder vor diversen Sportübertragungen im Fernsehen stundenlang abhängen, dann liegt der Gedanke nahe, dass sie auch anderen interessanten Dingen ununterbrochen ihre volle Aufmerksamkeit schenken können.

Der Apostel Paulus spricht in seinem ältesten Brief an die Thessalonicher vom Gebet ohne Unterlass. Was bedeutet das für uns heute? Die Ostkirche hat sich diese Worte seit dem 6. Jh. in Form des Jesusgebetes zu Herzen genommen. Dort wird der Satz des blinden Bettlers bei Jericho über das Ein- und Ausatmen förmlich ins Herz hinein gemurmelt, bis er sich dort fortwährend verselbstständigt: „Sohn Davids, Jesus, [einatmen] hab Erbarmen mit mir! [ausatmen]" (Mk 10,47) Dieses sogenannte Herzensgebet geht dem Beter in Fleisch und Blut über und verwandelt ihn von innen her in einen durch und durch liebenden, gütigen und barmherzigen Menschen. Ich finde diesen Gedanken sehr erbaulich und wunderschön. Wir dürfen dabei aber nicht vergessen, dass in allem, was wir Männer tun, immer auch ein Stück Egoismus verborgen bleibt. Das ist so lange kein Problem, wie wir es uns schmunzelnd eingestehen.

Im Abendland gibt es als Pendant zum Herzensgebet seit dem 16. Jh. den Rosenkranz, mit dem der Beter die Geheimnisse aus dem Leben des Menschensohnes von Maria, der Jungfrau und Gottesmutter, mithilfe von greifbaren kleinen Perlen, die an einer kreisförmigen Gebetsschnur aufgereiht sind, im besinnlichen Gebet schaut.

Das immerwährende Gebet ist keine Erfindung des Christentums. Die islamische Gebetskette heißt Tasbih und verinnerlicht die 99 Namen Allahs. Im Dikhr wird der Dhakir, das ist der Beter des Dikhrs, beständig an Allah erinnert.

Die Mantrakette der Hindus und Buddhisten zählt 108 Perlen aus Holz, Nüssen oder Knochen. Hindus meditieren 108 Namen oder Attribute der angebeteten Gottheit und Buddhisten erschließen sich in der Stille die 108 Bände der gesammelten Lehren Buddhas.

Das ununterbrochene Gebet hat also in vielen Religionen eine lange und gut bewährte Tradition. Gibt es auch andere Formen pausenlos zu beten? Das Herzensgebet oder unterschiedliche Geheimnisse des Rosenkranzes können wir jederzeit und überall meditieren: Egal ob ich beim Hausarzt sitze oder mich im Auto befinde. Überall ist es mir möglich, Großes und Schönes zu denken, in mein Herz zu atmen und aus meinem Leib in guten Taten zu verströmen, wo sich die Gebetsworte sozusagen in die Welt hinein verkörpern und sichtbare Gestalt annehmen.

Außerdem kann ich ununterbrochen beten, wenn sich meine guten Gedanken und Worte langsam automatisieren und in mein alltägliches Leben einsickern. Das können Gedanken sein wie z.B. „Schön, dass ich jetzt hier sein darf!“, oder: „Danke für die wärmende Sonne.“ Dem echten Gebet entspringt eine Grundhaltung der Dankbarkeit und Zufriedenheit, die sich auf die Welt um mich herum unmittelbar und direkt auswirkt. Wenn ich gerne lebe, meinen Alltag liebevoll gestalte und auch sinnvoll nutze, bleibt der Welt das nicht verborgen. Die größten Gaben des Gebetes sind meiner Meinung nach die Demut, die stete Lernbereitschaft, die Fähigkeit zu Vergeben und die Absicht stets neu beginnen zu wollen. Nichts findet mancher katholische Mann so wichtig wie die Wandlung in der Heiligen Messe. Gleichzeitig wehrt er sich aber auch gegen nichts so sehr wie gegen die Wandlung. Doch genau darum geht es im geistlichen Leben: um die Bereitschaft mich auf jede Situation so einzulassen, wie sie eben ist und das hat Verwandlung zur Folge.

„Wenn Gott eine Tür schließt, macht er irgendwo ein Fenster auf", heißt es in einem bayerischen Sprichwort. Das bedeutet, dass es im Leben eines gläubigen Mannes stets allen Grund zur Hoffnung gibt, was auch immer geschehen mag. Diese Grundeinstellung ist die Frucht des immerwährenden Gebetes. Sie gleicht einer gewaltigen Vertrauensburg, die mich vor allen Bedrängnissen, Widerwertigkeiten, Wirrnissen, Angriffen, vor dem Feuer der Zerstörung oder auch der Angst zu versagen schützt. So sehr die Macht der Zerstörung auch wüten mag, so sehr sie mich von allen Seiten bedrängt – ich werde letztlich unbeschadet, ja fast unberührt aus dem Kampf hervorgehen. „Und doch wird euch kein Haar gekrümmt werden. Wenn ihr standhaft bleibt, werdet ihr das Leben gewinnen", sagt Jesus im Lukasevangelium (21,18f).

Der Beter weiß sich *semper et ubique* mit Gott, dem Quell des Lebens und der Freude verbunden. Er ist es auch, der mit ihm alle Hindernisse überwindet. Für den betenden Menschen ist Gott kein theoretisches Wolkenkuckucksheim fernab unserer hier und heute erfahrbaren Wirklichkeit. Für den immerwährenden Beter ist Gott vielmehr mitten unter uns, mittendrin im Beziehungsgeschehen, welches sich in unseren täglichen interaktionalen Geschehnissen zuträgt. Gott ist nicht selbst der Mensch neben mir, das wäre ein pantheistisches Denken, welches Gott mit der Welt letztlich gleichsetzt und ineinander verschmelzen lässt.

Aber in diesem Menschen neben mir lebt der Unaussprechliche. Er ist, selbst in seiner Problematik und Herausforderung, ein Zeugnis für den lebendig Seienden. Das zerreißende, dualistische Denken, welches Gott und die Welt letztlich voneinander in ein fernes, schier unerreichbares Oben und ein hiesiges, schlechtes Unten trennt, ist beim ruhelos betenden Menschen total überwunden.

Der allzeit Betende kann unmöglich den ganz Guten lieben ohne seine Brüder und Schwestern aufrichtig zu achten und zu ehren, und das nicht aus einem ethischen, von außen auferlegten Zwang heraus, sondern aus der Freiheit eines fröhlichen und sehr gerne lebenden Menschen. Für ihn wäre alles andere bloße Lüge und Scharlatanerie. Dasselbe gilt auch für die Natur und für die ganze Schöpfung. Sie ist ein Abbild des guten und ganz großen Geheimnisses von dem wir kommen und auf welches wir zusteuern. Deshalb gehört die Sorgfalt und Achtsamkeit dem ganzen – auch brüchigen und unansehnlichen – Leben gegenüber zum unbedingten Charakteristikum eines authentisch und immerwährend betenden Menschen.

IMPULS

Üben Sie sich heute im Herzensgebet. Beten Sie immer wieder leise murmelnd, oder völlig lautlos die Worte: „Sohn Davids, Jesus, hab Erbarmen mit mir!“ (Mk 10,47) Sie können ruhig dabei an den blinden Bettler vor den Toren Jerichos denken. Jesus hat ihn geheilt und sogleich folgte er ihm nach, heißt es. Sie werden sehen, irgendwann werden sich Ihre Worte verselbstständigen und ein großer Friede wird in Ihrem Herzen Einzug halten.

Was das Gebet im Leben eines Menschen zur Folge hat, sei kurz zusammengefasst und hier angedacht:

1. Beten heilt

Wer betet, wird von innen heraus geheilt. Er erhält nicht unbedingt Antworten auf alle Fragen seines Lebens, aber er erfährt großen Trost und Stärkung. Er kann sozusagen den Schmerz und die offenen Fragen seines Daseins leichter ertragen, er füllt sein Vakuum mit Gott, der Quelle seiner Sehnsucht. Er leidet, aber der Schmerz wird ihm langsam zu einer stillen Freude, die Hoffnung und Zuversicht schenkt.

IMPULS

Es gibt tatsächlich so genannte Heilungsgebete. Sie gehen auf Jesus, den Heiler der Menschen zurück. Beten Sie heute für sich und Ihre Mitmenschen um Heilung körperlicher oder seelischer Art. Vertrauen Sie darauf, dass Ihr Gebet erhört wird.

2. Beten transzendiert den Beter

Beten ist in gewisser Weise mit einer Steinschleuder vergleichbar. Sie führt den Beter von sich weg. Weg von seinen Problemen, weg von seiner kleinen, engen Welt in eine Weite, die sein Leben übersteigt. Wer betet, überwindet also tatsächlich seinen Egoismus, seinen Narzissmus und blickt liebevoll auf den, den er liebt und von dem er geliebt wird. So wird er diesem Unsagbaren in gewisser Weise gleichgestaltet, er wird zu dem, den er liebt. Langsam wird der Beter selbst zu einer Ikone eines gottgefälligen Menschen. Von ihm geht eine große Liebe und Freude aus und diese ist ansteckend.

IMPULS

Stellen Sie sich vor, Sie selbst sind ein Stein in der Steinschleuder des Gebetes. Sie werden von sich und Ihren irdischen Sorgen weggeschleudert, hinein in die offenen Arme eines liebendes Gottes. Wie fühlt sich das an?

3. Wer betet, liebt

Ein Schüler nervt ungemein. Der Lehrer weiß sich nicht mehr zu helfen: Alle Erziehungsmaßnahmen scheinen nicht zu fruchten. Da hat er eine Idee: „Ich bete für diesen Jungen. Ich hülle ihn in gute Gedanken." – Seither ist das Arbeiten mit dem Schüler leichter geworden, obwohl sich die Umstände nicht wesentlich verändert haben.

Oft ist man mit seinen Worten am Ende. Man weiß auch nicht mehr, was man z.B. mit schwierigen Arbeitskollegen noch alles tun soll. Es ist schon so viel ausprobiert worden und nichts hat gefruchtet, man findet keinen Zugang zum Menschen. Das ist sehr schmerzhaft und kaum auszuhalten. Aber was man immer für andere Menschen tun kann, ist beten. Wenn wir sie im Gebet dem großen, unsagbaren Gott anvertrauen, erweisen wir ihnen einen großen Liebesdienst. Wir werden ihnen zukünftig anders begegnen, wir werden sie leichter annehmen können und wir wissen sie von Gott beschützt und behütet, das tut gut.

IMPULS

Es gibt bestimmt einen Menschen, der Ihnen Schwierigkeiten bereitet, der Ihnen das Leben schwer macht. Ringen Sie heute nach verbindenden und versöhnlichen Worten für diesen Menschen.

Beten Sie für ihn. Bringen Sie ihn zum Beispiel bei der Heiligen Messe am Sonntag symbolisch zum Altar. Es wird bestimmt nicht umsonst sein.

4. Beten verändert

Kein Gebet ist vergebens, davon bin ich felsenfest überzeugt. Unabhängig davon, ob das Gebet so erhört wurde, wie es ursprünglich von uns gemeint war, verfehlt es sein Ziel nicht. Beten verändert mich, meine Umwelt, die Menschen, mit denen ich zu tun habe. Beten schenkt einen großen inneren Frieden, den mir die vergängliche Welt nicht geben kann. Beten ist wie eine Herzensbrille, durch die wir Männer die Welt mit Herzensaugen betrachten. Es ist alles genau so wie es ist, aber durch das Beten wird es gut so. Wer in die Wirklichkeit aufwacht, sieht die Welt mit anderen Augen: Sie ist gut und sie ist schön. Wer betet, findet innere Freude, die ihm nichts und niemand nehmen kann. Diese Freude hält auch den dunkelsten Nächten und schmerzvollsten Leiderfahrungen stand und transformiert den Beter zu einem glücklichen Menschen.

IMPULS

Die Welt kann die große Sehnsucht des Menschen nicht erfüllen. Die Sehnsucht des Menschen ist unstillbar größer als alle Versprechungen dieser Welt. Setzen Sie heute eine liebevolle „Herzensbrille“ des Gebetes auf und Sie werden tiefen Frieden finden.

5. Beten ist utopisch

Beten ist ortlos, utopisch (= das griechische Wort für ortlos). Es kennt zwar viele heilige Verortungen in Kirchen, Domen, Kathedralen, Kapellen oder anderen heiligen Stätten, aber im Grunde ist es natürlich an keinen Ort gebunden. Es sei denn, der Beter wird selbst zum Anker für das Heilige und Unaussprechliche. Dann ist er es, der dem utopischen Gebet einen Topos, einen Platz gibt, der in diese Welt hineinwirkt. Und das ist wohl das Wichtigste beim Beten, dass es Frucht bringt, dass es ankommt, dass es eben doch zur Verortung der Worte und Sehnsüchte führt. Wie sich das genau ereignet, entzieht sich unserer Machbarkeit. Wir sind keine Spiritisten, die über die geheimen Mächte verfügen wollen, die sich Antworten aus dem „Jenseits" erzwingen wollen, die selbst „Gott spielen". Wir Männer vertrauen darauf, dass Gott weiß, was und wie er es tut. Dieses Vertrauen ist die grundlegende Basis für unser Gebet.

IMPULS

Sie selbst sind der Tempel des Heiligen Geistes. Wenn Ihnen das bewusst ist, werden Sie selbst zum Gebet, dann leben Sie in Christus ein verborgenes Leben in Gott. Vertrauen Sie heute auf seine Nähe, die sich in Ihnen ausbreitet.

6. Beten ist verrückt

Es stimmt, was viele Atheisten sagen: „Beten ist verrückt, denn es gibt überhaupt keinen Gott. Beten ist so gesehen eine Flucht vor der Realität." In der Tat überwinden wir Männer im Gebet die kühle Ratio und treten in eine völlig andere Welt. Gebet „funktioniert" deshalb auch überhaupt nicht im dualistischen Sinne. Es ist, rein rational gesehen, völlig sinnlos. Klüger wäre es demnach, etwas Gescheites zu machen, einen Fernseher zu reparieren oder das Auto zu putzen. Beten ist verrückt. Der Mensch überwindet im Gebet seinen Verstand, er kommt nun mit seiner tiefen, unstillbaren Sehnsucht in Berührung, er nährt seine Seele mit Botschaften wie aus einer anderen Welt. Diese Erfahrung lässt sich nicht in Worte fassen, aber sie ist so real, wie es ein Fernseher oder ein Auto niemals sein kann.

IMPULS

Gebet ist mehr als Zwiegespräch mit Gott. Es beginnt, wenn wir seine Stimme in das Schweigen der Nacht hinein hören und auch tun. Beten Sie heute das Paradox: „Jesus ist tot. Und Jesus lebt.“ – Das ist ein Widerspruch in sich, der Sie mit dem ganz Anderen in Verbindung bringen wird.

7. Auf Tuchfühlung mit der Ewigkeit

Was ist denn das Gebet auf den Punkt gebracht? Mit Sicherheit mehr als Worte, wahrscheinlich sogar viel mehr als eine dumpfe Anhäufung vieler Worte. Gebet ist wohl eher ein Beziehungs- und Transformationsereignis, denn ein Stammeln von Worten oder ein (lästiges) Verrichten von Pflichten. Viele Menschen richten ihr Gebet auf ein Du, von welchem sie sich angenommen, verstanden und geführt wissen: in dunklen und hellen Stunden.

Das Gebet ist die unbedingte, überraschende Notwendigkeit eines seiner Vergänglichkeit und Zerbrechlichkeit bewussten Menschen. Er kann nicht anders, er muss seine Hände falten und auf ein himmlisches Gegenüber ausrichten, das mehr ist als dieses bisschen Leben hier auf Erden und das es vielleicht sogar neu zu ordnen imstande ist. Gebet ist sozusagen die Luft, die ich atme, die Frischluft, die mich reinigt und erneuert, das offene Fenster in einem stickigen Raum, das gleichsam frischen Wind in die verstaubte Bude bringt. Gebet ist der aktive Widerstand gegen allgemeine Verdummungsprozesse, der Wandel in der Gegenwart Gottes: Ich atme, leide, fehle, liebe und falle in seiner Nähe. Ist es das, oder ist es noch viel mehr?

IMPULS

Im Rosenkranz bzw. im Ave Maria beten wir: „Heilige Maria, Mutter Gottes. Bitte für uns Sünder, jetzt und in der Stunde unseres Todes. Amen.“ Das Gebet kann für uns Beter zum Tor in die Ewigkeit werden, es bleibt nicht in gesprochenen Zusagen stecken, es bereitet uns den Weg dorthin, wo wir die Kategorien von Raum und Zeit für immer verlassen und heimkehren in die ewige Heimat bei Gott.

Gefühlvolle und solidarische Männer

Ein Pfarrer in Bayern: Sein Pfarrhaus ist immer voll. Manchmal sind es muslimische Flüchtlinge, dann wieder gestrandete Indienfreaks oder einfach nur Herbergssuchende auf der Durchreise. Für sie alle hat er ein Dach über dem Kopf, ihnen schenkt er sein Ohr und von ihnen wird er auch durch aufrichtige Wertschätzung reich beschenkt. Teilen und Geben scheint ihn wirklich glücklich zu machen, weil er selbst sehr viel zurückbekommt.

Wer von uns würde tun, was der bayerische Pfarrer tagtäglich praktiziert? Oft sind wir viel zu sehr mit uns selbst beschäftigt, haften an unseren Ideen, Problemen, Besitztümern, so dass uns der Zugang zum anderen abhandenkommt. Der Pfarrer zeigt Mitleid mit den Außenseitern und er tut etwas für sie: Er lässt sie an seinem Lebensstil teilhaben und nimmt sie in sein Haus auf.

Wir irren, wenn wir unser Glück im Haben suchen und wir werden davon enttäuscht. In der Tat gibt es wirklich wenig zufriedene Menschen. Menschen, die in sich selbst ruhen, die Frieden geschlossen haben mit sich und ihrem Leben, die genügsam und anspruchslos geworden sind, die dankbar und offen sind für alles, was das Leben für sie noch zu bieten hat und die aus diesem Überfluss heraus zu geben bereit sind.

Es ist nichts Neues, aber es muss in diese Welt neu hinausgesagt werden, dass wir unsere wahre Freude niemals über materiellen Zuwachs, sondern ausschließlich in der liebevollen Begegnung von Mensch zu

Mensch erfahren werden. Wenn wir unsere Zeit, unsere Talente, unsere Gedanken für andere Menschen verschwenden ohne uns selbst dabei zu vernachlässigen, dann könnte es sein, dass wir Brücken bauen über die schier unüberwindlichen Gräben zerstörerischer Anonymität und Gleichgültigkeit. Moderne Männer machen sich ihre Gefühle bewusst. Man sagt, dass Männer keine Gefühle zeigen würden und dass sie körperliche Nähe scheuen. Lassen Sie die Gefühle, die Sie haben, zu. Sie sind echt und sie dürfen sein. Aber lassen Sie sich bitte nur von den guten Absichten leiten und handeln Sie bei Bedarf gegen ihre Neid- oder Hassgefühle. Sie sind mit Ihrer Vernunft Herr über Ihre Gefühlswelt, Sie sind auch mit einem starken Willen begabt. Sie müssen nicht unter Ihrer Würde als Mann leben.

In der Bibel und im geistlichen Leben geht es immer um Selbstwerdung im schönsten Sinn des Wortes. Es geht um meine persönliche Integrität, um die Akzeptanz meines Lebens wie es ist, um die Weitergabe meines wahren Selbst, meiner reinen Präsenz.

Deshalb müssen wir lernen, gut zu denken. Jede Tat beginnt mit dem Gedanken. Wenn ich denke, dass es angebracht ist, mich an den Talenten anderer Menschen mitzufreuen, dass Gottes Kreativität so groß ist, dass sie für alle reicht und sich in allen Menschen einmalig manifestiert, dass mir persönlich dann nichts weggenommen wird, dass ich im Gegenteil nur davon profitieren kann, dann hat sich z.B. meine Missgunst in Freude und in eine gute Art von Stolz gewandelt, der mein Leben beflügelt.

Teilen ist angesagt. Diakonia – dieses alte, verbrauchte und doch unüberbietbare Wort vom Dienen, von der Geschwisterliebe. Das altgediente Wort von der Grenzen überschreitenden Solidarität, die über den eigenen Tellerrand hinausblickt. Was haben Menschen nicht schon alles darüber geschrieben? Dabei ist es so einfach: Nur die Liebe vermehrt sich, wenn ich sie teile. Wer aus dem Herzen heraus (auch für sich selbst) Gutes tut, wer Wissen und Können abgibt, dessen mögliche Angst- oder Trauergefühle werden an Schwere mit Sicherheit leichter, vielleicht sogar ganz verschwinden, davon bin ich überzeugt. Eine Depression hat – wie wohl sehr viele psychische Erkrankungen – neben der medizinischen Dimension, die durch eine gute Medikation und therapeutische Begleitung gelindert werden kann, auch ein geistiges Ausmaß: Wer es versäumt abzugeben, bei dem lagern sich seine Talente und Gaben nicht nur wie Fettreserven infolge Bewegungsmangel, sondern auch in Form von ungelebten Träumen, Aufgaben und verweigerter Hingabe ein. Das drückt und bedrückt den Menschen, deshalb müssen wir teilen und dem zeitgemäßen Trend zum Horten und Maximieren aktiv entgegensteuern. Es tut uns gut, für andere da zu sein.

In der Industriewelt verlassen wir uns viel zu sehr auf die staatlichen und caritativen Institutionen. Wir haben es verlernt, die Bedürfnisse des Nachbarn wahrzunehmen, ihn freundlich zu grüßen und ihm ein gutes Wort in den Tag mitzugeben. Wir können so vieles teilen: unsere Worte, unser Wissen, unsere Zeit, unser Lachen, unsere Arbeitskraft, unser Geld, unsere Bücher ...

1. Geben ist seliger als nehmen

Wir müssen uns unseres Wesens besinnen, wir sind nicht der Weinstock, wir sind die Reben, wir sind nicht die Quelle, wir sind die Schale und nur wenn sie überfließt, können wir geben. Wir können nur aus unserem Überfluss geben, alles andere wäre eine verkrampfte Form der Nächstenliebe, die niemandem wirklich etwas bringt und uns nur in den Burnout stürzen würde.

IMPULS

- **Nehmen Sie einmal zumindest gedanklich das Leben aus der Sicht eines armen Menschen z.B. in Nigeria wahr. Das Leben in seinem Dorf ist nicht mehr sicher, es mangelt ihm an Wasser und Lebensmitteln, der Staat ist korrupt, es gibt keine Hilfe. Und zugleich hören Sie von Menschen, die fließendes Mineralwasser aus der Hausleitung empfangen, die Lebensmittel im Überfluss verschwenden usw. Wie geht es Ihnen als dieser Nigerianer? Und was würden Sie an seiner Stelle tun?**
- **Nun überlegen Sie, was Sie diesem oder einem anderen, Ihnen bekannten Übel entgegenhalten können. Was können Sie tun, welche Ideen haben Sie, welche tatkräftigen Überlegungen fallen Ihnen ein, um das Leben ärmerer Menschen zu verbessern? Gibt es Vereine, die Sie unterstützen möchten? Möchten Sie einem der Betroffenen eine Geldspende zukommen lassen oder haben Sie eine bessere Idee?**

2. Situativ und gefühlvoll führen

Männer sind attraktiv, wenn sie aus der Situation heraus gefühlvoll und aktiv führen können: mal härter, dann wieder ganz empathisch und immer in klarer Richtungsvorgabe. Wenn Männer wissen, was sie wollen, gibt das den anderen Orientierung und genau das wird von den Männern in zunehmender Weise erwartet. Es gehört zu den Qualitäten des Mannes, Initiative zu ergreifen und zu zeigen, wohin die Richtung führen könnte.

IMPULS

Der moderne Mann soll gefühlvoll und klar strukturiert führen. Entscheiden Sie heute einen Tag lang vernünftig nach diesen Kriterien für die Ihnen Anvertrauten in der Familie, im Arbeitsleben ...

3. Zuversicht zeigen

Männer zeigen männliche Zuversicht, das gibt den Menschen um sie herum Sicherheit. Das wird von Männern erwartet: hoffnungsvolle und zuversichtliche Stimmung zu verbreiten. Das macht Männer anziehend und sehr interessant. Zuversicht ist mehr als ein Bauchgefühl: Es ist die Einstellung, dass alles, wie es ist, gut ist und nur noch besser werden kann, denn wer die Zuversicht aufgibt, gibt mit der Gegenwart auch die Zukunft preis.

IMPULS

Sie müssen kein Übermensch sein, der keine Angst hat, dem Zweifel fremd sind. Sie dürfen sich diese Schwächen eingestehen, aber Sie müssen darüber hinaus nach den Kriterien der Hoffnung und Zuversicht handeln und entscheiden. Tun Sie dies heute und zögern sie nicht.

Der Mann als Vater

„Papa, ich möchte einen Mann, der so ist wie du." – „Wie bin ich denn?", fragt der Vater. Und seine achtzehnjährige Tochter erwidert: „Du bist immer für mich da, du bist humorvoll und ruhig, du bist meist gechillt, du machst nicht viel aus dir und hast doch so viel auf dem Kasten ... Ich habe dich lieb."

Dieses Gespräch ist ein Sahnehäubchen in der Erziehung. Das kommt nicht so oft vor. Väter wissen nur zu gut, dass ihre Vorbildfunktion oft genug in Schieflage und höchste Kritik von Seiten der Kinder und Jugendlichen geraten kann. Aber es gibt dennoch Wege, die zu so einem Zuckerguss-Gespräch führen können. Ein Weg geht über die Beständigkeit über Jahre und genau dieser Weg ist heute so schwierig geworden. Die Eltern vieler Schüler sind getrennt. Die Schüler leiden darunter. Sie wissen oft nicht, wo sie Weihnachten verbringen werden. Auch wenn sie sagen, dass es ihnen egal sei, ob ihr abwesender Vater jemals wiederkommen würde, tun sie dies mit Tränen in den Augen. Die Angst vor Bindung ist der Grund dafür, dass die Eheschließungen hinausgezögert werden. Das wird rein wirtschaftlich noch dadurch unterstützt, dass Firmen mit unbefristeten Verträgen zögern, dass austauschbare Kurz-Leiharbeiter immer noch hoch im Kurs sind, dass von den Männern höchste Mobilität und berufliche Loyalität eingefordert wird usw. Dass so viele Männer ihre Frauen und Familien verlassen, ist trotzdem kein Ausdruck großer psychischer Reife. Die Infantilität in unserer Gesellschaft ist unübersehbar geworden. Auch Frauen trennen sich unvermutet von ihren Männern, weil sie deren Gegenwart überdrüssig geworden sind, weil der Weg, ihre Kinder alleine zu erziehen zu attraktiv und zu leicht geworden ist ... Das erweist sich oft als Täuschung, zieht aber weite Kreise. Auch politische Parteien zeugen nicht unbedingt von Charakterreife, wenn deren Protagonisten ihr Wort brechen, wenn sie Gespräche wie beleidigte Kinder beenden. Männer sind davor nicht gefeit, sich von der Bindungsangst, vom Bindungsverlust und damit auch von mangelnder Zuverlässigkeit prägen zu lassen.

Der Vater, der sich im spirituellen Sinne bewährt, ist von Verlass und Präsenz geprägt. Er ist für seine Kinder da, nicht so sehr durch große Worte und Taten, sondern vor allem durch seine Präsenz. Er ist da, er wirkt, er strahlt eine gewisse, angenehme und Sicherheit gebende Atmosphäre aus. Er ist auch da, wenn es brennt, er ist da, wenn er gebraucht wird und er ist auch dann da, wenn er nicht gebraucht wird. Er hält es aus, nicht immer an erster Stelle stehen zu müssen. In abwartender, aber umso festerer Gesinnung zeigt er – oft im Verborgenen, aber nicht weniger engagiert – Interesse an seiner Familie.

Die Neigungen der Väter sind unterschiedlich. Nicht jeder wird seinen Sohn zu einem „Fußballstar“ heranziehen, nicht jeder wird seine Tochter für das Gymnasium fördern. Das ist auch nicht so wichtig. Wichtig ist die engagierte Gegenwart des Vaters. Er zieht sich nicht zurück, er ist da, er bleibt wie ein Bahnhof, durch den die Züge der Zeit hindurchrasen. Er gibt dem Leben jene Beständigkeit, die sie in unserer Gesellschaft oft so sehr vermisst. Neben der Aufgabe als Ernährer, die der Vater häufig mit der Mutter teilt, wird dem modernen Mann immer mehr die Erzieherrolle zuteil. So besucht er Geburtsvorbereitungskurse, ist bei der Geburt anwesend, unternimmt mit seinen Kindern Ausflüge, besucht deren Lehrkräfte bei Elternsprechtagen, macht sich später als Chauffeur seiner jugendlichen Kinder nützlich usw. Zeit ist ein großes Thema in der Vaterschaft. Zeit für die Frau, Zeit für die Kinder und natürlich auch Zeit für sich, für seine Freunde, für seine Hobbies. Folgende Wege können zu einer gelingenden Vaterschaft führen:

1. Der Vater liebt die Mutter seiner Kinder

Der Schlüssel zum Kind führt über die Mutter. Wer seine (Ex-)Frau missachtet, wer ihr nicht den nötigen Respekt als Frau und Mutter aufbringen kann, hat beim Kind schlechte Karten. Es wird immer zwischen den beiden stehen. Respekt kennt viele Formen. Auch wenn der Mann enttäuscht wurde, kann er dennoch Gutes im Leben seiner (Ex-)Frau finden und es vor dem Kind auch aussprechen.

Und wenn die beiden Eltern zusammen sind, lohnt es sich, sich täglich neu in ebenbürtiger Partnerschaft um die Liebe der Frau zu bemühen: durch Hilfen im Haushalt, durch Zeit, die der Vater mit den Kindern verbringt, durch Exklusiv-Zeiten mit der Frau ...

IMPULS

Meditieren Sie heute sieben gute Eigenschaften ihrer (Ex-)Frau. Wenn Sie möchten, können Sie ihr eine Karte schreiben. Behalten Sie die guten Eigenschaften gerade vor dem Kind nicht für sich.

2. Der Vater sorgt für sich

Es ist immer gut, wenn der Vater ohne schlechtes Gewissen ganz bei sich bleibt. Ein gesunder Egoismus ist gerade dann besonders gefragt, wenn die Anforderungen von vielen Seiten wachsen: im Beruf, in der Familie, in der Zweitehe ...

Es hat wohl jeder seine besonderen Neigungen und Hobbies. Egal ob es das Tennisspielen, das Skifahren, ein Saunabesuch, das Kartenspielen o.ä. ist, es steht dem Mann zu, seinen Hobbies ruhigen Gewissens zu frönen. Spirituell hungrige Männer werden die Sehnsucht nach dem ganz Großen wachhalten, sie werden vielleicht einen Berg besteigen und über die Größe der Schöpfung staunen.

IMPULS

Setzen Sie sich damit auseinander, was Sie gerne tun oder schon immer tun wollten. Probieren Sie dies nach Möglichkeit aus und genießen Sie den Spaß und die Freude daran.

3. Der Vater weiß um seine Vorbildfunktion

Viele Männer sind der Meinung, dass ein Mann erst durch seine eigene Vaterschaft ins Mannsein initiiert wird. Sonst wird man nur älter, aber erwachsen wird man nicht. Kinder sind in der Tat große Lehrmeister, weil sie uns oft dorthin führen, wo wir nicht hinwollen. Wer freiwillig auf Kinder verzichtet, nimmt sich unter Umständen sehr viel Zufriedenheit und ein großes Stück Zukunft. Es darf uns Männern bewusst sein, dass wir, was immer wir tun, stets Vorbilder für unsere Kinder sind – im positiven wie auch im negativen Sinne. Deshalb sind wir gut damit beraten, vieles, was wir sind und tun, unter das Motto der Pro-Existenz zu stellen.

IMPULS

Sprechen Sie gelegentlich mit Ihren Kindern über Ihre Vater-Kind-Beziehung. Fragen Sie Ihre Kinder, was Sie ihnen bedeuten, was Sie sich von Ihnen erwarten, was Sie gut und was Sie in Zukunft besser machen können.

4. Der Vater pflegt gesunde Rituale

Ich persönlich halte eine gesunde Spiritualität im Leben eines Mannes für unverzichtbar. Es sind nicht die großen Heldentaten, die uns zu frommen Männern machen, es sind die kleinen, aber durchaus konsequenten Dinge, die unsere Spiritualität markieren: Beginne ich den Tag mit einem Kreuzzeichen? Danke ich vor dem Essen? Pflege ich Gemeinschaften, die mit mir im Glauben unterwegs sind? Tausche ich mich mit Glaubensbrüdern aus? Teile ich, was ich habe? Wie steht es um meine Bereitschaft zur Versöhnung und zur Vergebung? Wie begrüße bzw. verabschiede ich meine Frau, meine Kinder? Wie gestalte ich den Sonntag?

IMPULS

Spiritualität ist kein Zusatz im männlichen Leben. Sie ist vielmehr das männliche Leben in seinem vollkommenen Sinn. Erst wenn uns bewusst ist, dass wir endlich sind, dass wir begrenzt sind, können wir uns nach dem Unendlichen ausstrecken. Legen Sie sich heute auf den Boden, strecken Sie sich kreuzförmig aus und beten Sie in die Stille hinein: „Vater, in deine Hände lege ich meinen Geist.“ (Lk 23,46)

Die spirituelle Reise des Mannes

In der ersten Lebenshälfte stellen wir die Weichen für die Zukunft. wir schreiben gewissermaßen das Drehbuch für das Kommende. In der zweiten Lebenshälfte stehen wir mit unserem gelebten Leben für diese Vorgabe ein. Das ist ein aufregendes Abenteuer auf dem abenteuerlichen Weg zu unserer inneren Mitte ...

Die männliche Reise lässt sich – vereinfacht gesagt – in vier große Teile gliedern: in den Aufstieg, in die Integrität ins Leben mit dem Abstieg in der Zeit der Lebensmitte, in die Erntezeit und in das totale Loslassen seiner Selbst am Lebensende. Wie bei so vielen Mustern, so kann man auch hier nicht genau sagen, wann wir in welche Phase hineingeraten, es hat aber auch viel mit dem biologischen Alter zu tun und es trifft uns alle mehr oder weniger intensiv. Das Bild von der Reise gefällt mir insofern, weil das Leben sich ständig im Wachstum befindet. Es ist ein immer wiederkehrendes Spiel von Werden und Vergehen. So ähnlich verhält es sich mit der spirituellen Reise des Mannes: Zunächst kommt er als Kind in diese Welt und meint, dass sich alles um ihn drehen würde. Die Reise endet auf vielen Um- und Irrwegen mit seinem Tod. Sie verläuft nicht immer so „ideal" wie unten angegeben. Es gibt auch viele Abbrüche auf der Reise. Die Reise ist ein Bild für die Selbstwerdung des Mannes, für seine immerwährende Entwicklung hin zu dem Mann, der er vor Gott längst schon ist und doch immer wieder werden muss. Aufbruch ist das Stichwort für männliche Spiritualität, das Gegenteil wäre Stillstand, Rückzug oder Regression. Aufbruch und Neuanfang sind natürlich auch mit sehr viel Mut verbunden. Das Leben ist in der Tat zu kurz, um feige und unentschlossen zu sein. Ein treffendes Symbol für die Reise des Mannes ist das Kreuz. Hier liegt das Geheimnis von Siegen und Verlieren, von Licht und Schatten, von Werden und Vergehen verborgen. Das Kreuz nicht mehr zu ignorieren, sondern liebevoll und dankbar zu umarmen, wenn es so weit ist, das wäre das Ziel der männlichen Reise.

Bevor wir dazu neigen, das Verhalten des einen oder anderen Mannes zu bewerten und zu beurteilen, kann uns ein Satz sehr hilfreich sein: „Du weißt nie was kommt." In der Tat wissen wir nicht, was noch kommen wird und wie wir uns in der einen oder anderen Situation verhalten werden. Ich hätte zum Beispiel nie gedacht, dass ich mit 50 Jahren noch aus dem Affekt heraus einen Snowboarder beleidigen würde. Das habe ich aber getan, als er mir völlig unvermutet einen ordentlichen Stoß auf der Skipiste gegeben hatte, weil ich sehr knapp, allerdings ohne ihn oder sein Snowboard zu berühren, an ihm vorbeigefahren bin. Das Ganze ist zum Glück schnell deeskaliert, hätte aber auch handgreiflich enden können.

Mir persönlich ist es auch sehr wichtig, dass wir die Phasen der Entwicklungsstufen nicht überspringen oder dass wir nicht sagen: Hier bin ich jetzt, hier bleib ich jetzt! Wie schön, jetzt habe ich diese oder jene Entwicklungsstufe erreicht! – Das Leben ist ständig im Fluss, es gibt kein eindeutiges Ziel auf der Reise, nur ein ständiges Vorwärtsgehen. Nur wenn wir uns in den Fluss des Lebens begeben und mit ihm schwimmen, kommen wir ans Ziel. Das heißt ausdrücklich, dass wir gelegentlich auch gegen den Strom schwimmen müssen, aber nur solange es dem Leben dient.

1. Die Reise nach oben – der nehmende Mann

Hans ist 18 Jahre alt. Er will einmal ganz hoch hinaus. Bis jetzt hat er schon 6 Frauen flachgelegt und es sollen noch mehr werden. Hans strotzt vor Selbstbewusstsein, er weiß: „Die Welt gehört mir, ich muss sie mir nur noch holen."

In jungen Jahren ist der Aufstieg des Mannes von höchster Bedeutung. Dem Mann gehört die Welt, er will die Welt und er will sie jetzt. Der *puer aeternus*, der ewige Knabe, wähnt sich als Zentrum der Welt, alles scheint möglich, jeder steht ihm zu Diensten. Er ist noch sehr unreif, er verwechselt Gefühle mit Liebe, er hat noch wenig Standfestigkeit im Leben gefunden, er muss lernen, sich zu binden, Verantwortung zu übernehmen, durchzuhalten und von seinen hehren Idealen Abschied zu nehmen. Aber noch steht ihm die Welt sperrangelweit offen. Er hat so viele Möglichkeiten und er nutzt sie gerne und neugierig. Nichts ist ihm zu blöd, alles probiert er aus. Er lässt auch bei Frauen ungern eine Gelegenheit ungenutzt vorbeiziehen. Manchmal bekommt er vielleicht zu hören, dass er blauäugig sei, aber das stört ihn nicht sonderlich. Er geht gerne auf Partys und feiert das Leben. Er hat noch nicht verstanden, dass Frauen keinen lächerlichen Clown, sondern einen humorvollen, verlässlichen Partner suchen. Er sieht die Welt in Schwarz-Weiß-Tönen, dieser dualistische Blick auf die Sinnzusammenhänge macht es ihm einfacher, die Welt zu verstehen. Der nehmende Mann muss tun und machen, er kann noch nichts geschehen lassen, dazu ist er zu ungeduldig und unerfahren. Aus kirchlicher Sicht vertritt der junge Mann eine gefährliche Ordnung: Er weiß, was gut und schlecht ist, er teilt die Menschheit in gut und böse ein, er ist leicht lenk- und dirigierbar und vertritt eine geordnete, aber leb- und ideenlose institutionalisierte Kirche.

Junge Männer müssen jung sein, aber wenn sie ihre Möglichkeiten versäumen, wenn sie nicht aufsteigen, wenn sie unterwegs schon durch Drogen oder falsche Ziele absteigen, werden sie gewissermaßen zu unglücklichen, tragischen Helden.

IMPULS

Diese erste Aufstiegsphase ist für junge Männer von großer Bedeutung. Bedenklich wird es nur, wenn sie darin steckenbleiben. Wie war das bei Ihnen? Wie haben Sie diese Zeit erlebt? Vermissen Sie etwas? Geht Ihnen etwas ab? Oder haben Sie sich ausgetobt und alles gemacht, was menschenmöglich war?

2. Die Reise nach unten – der teilende Mann

Josef ist im Laufe der Jahre ruhiger und auch um einiges zufriedener geworden. Er weiß, wo er hingehört. Er fühlt sich für seine Töchter verantwortlich und steht seit 25 Jahren zu seiner Frau. Er hat schon viel erlebt, auch Unangenehmes, doch er möchte nichts davon missen. Er lebt in gesunden Beziehungen, das baut ihn auf.

Im Laufe der Jahre wiederholt sich vieles, die Grenzen des Erreichbaren werden enger gesteckt. Der Mann erlebt viele Misserfolge und Niederlagen, eine Welt nach der anderen bricht für ihn zusammen. Allmählich wacht er in die Wirklichkeit auf, er findet langsam zu sich selbst, er begreift, dass er sein Ego und dessen Ansprüche loslassen muss. Er muss sein Glück nicht mehr auf abenteuerlichen Reisen suchen, er macht sich auf den anspruchsvollen Weg nach innen. Langsam erkennt der Mann, wo er hinwill und gibt, was er hat. Er lebt im Sein, er ist in

Gott zu Hause und nicht so sehr im geschäftigen Tun. Er bindet sich, er gibt dem Leben Orientierung und Wegweisung, er lebt ausdrücklich pro-generativ und ist für seine anvertrauten Kinder da. Er teilt, was er hat, er behält nichts für sich selbst zurück, er gibt, weil es ihn glücklich macht. Die Weltsicht ändert sich. Nun geht er langsam von der Mitte des Lebens an die Peripherie und gibt anderen, Jüngeren den Vortritt. Er dient ihnen und es bereitet ihm Freude. Er teilt seine Zeit, sein Wissen, sein Geld und seine Talente mit den Menschen. Langsam findet er Halt am Boden, der ihn trägt. Auf ihn kann man zählen. Emotional wirbelt es ihn zwar ganz schön durch die Gegend, da sein Leben nicht nur von Erfolgen gekrönt ist. Aber er kommt damit gut zurecht. Im absteigenden, teilenden Mann ist die mystische Kirche vertreten: Eine Kirche voller Menschen, die das Gesetz für die Liebe opfern und nicht umgekehrt, eine Kirche von Mündigen, die aus ihrer Mitte heraus leben und ihr Leben nicht so sehr auf Gesetze und Verordnungen ausrichten, sondern auf die Stimme ihres Herzens.

Keiner steigt gerne freiwillig ab. Viele halten sich am Status quo fest, aber das ändert an ihrer Gesamtsituation nichts. Wenn sie krampfhaft „oben" bleiben wollen, haben sie spirituell gesehen schon verloren, weil sie einen Rückschritt nach dem anderen machen.

IMPULS

Teilen ist schön. Teilen macht glücklich. Geben ist wichtiger als nehmen. In dieser Phase leben Sie im Überfluss. Was möchten Sie gerne von sich geben? Was ist es wert zu teilen? Fassen Sie doch diese Zeit in einer Überschrift zusammen, geben Sie ihr ein passendes Motto, z.B. „Geteilte Zeit – volle Zeit".

3. Die Reise der Ernte – der staunende Mann

Philipp hätte nie gedacht, dass er einmal der sein würde, der er nun geworden ist. Seine Operationen hat er so weit gut überstanden. Voll Dankbarkeit und mit großem Weitblick schaut er auf sein Leben. Heute noch kommt sein Sohn mit dem Enkelkind zu Besuch, früher hat er ihn gemieden wie die Pest. Sie hatten oft Streit. Philipp ist sehr glücklich. Er freut sich über jeden Tag, der ihm geschenkt ist.

Vieles, was früher einfach war, geht heute gar nicht mehr. Es ist die Zeit großer Operationen und vieler Veränderungen. Der Mann hält so manches aus, er muss nicht mehr alles richten, verbessern und aus eigener Kraft bewerkstelligen. Gegensätze lassen sich verbinden, Wunden werden zu Perlen. Endlich wird der Mann zu einem heiteren Stück Verlass. Gewissermaßen erntet er voll Dankbarkeit, was er gesät hat. Er hat einen großen Überblick über das Leben. Er schweigt mehr, als er spricht und hat gerade deshalb so viel zu sagen. Er hat viel erlebt und freut sich am Leben, dessen Bewahrung und Erhalt nun nicht mehr in seiner vollen Verantwortung steht. Er hat abgegeben und erntet, im wahrsten Sinne des Wortes, die Früchte seiner Arbeit. Er ist glücklich und weise geworden und er muss es niemandem mehr beweisen. Das Gebet ist keine lästige Pflicht mehr, sondern wird ihm zur überlebensnotwendigen zweiten Haut. Der weise Mann hat nichts und doch alles. Er ist, was er sagt, er hat es selbst erlebt.

Das Gegenteil vom weisen Heiligen wäre ein lächerlicher Narr, der meint, immer jung bleiben zu müssen, der noch in hohem Alter junge Frauen an seiner Seite hat, der mit schnellen Autos fährt und einfach nicht begreifen kann, dass das Leben nicht unendlich ist.

IMPULS

Weise zu sein ist ein schönes Ziel für ein männliches Leben. Was möchten Sie denn im Alter ernten? Worauf möchten Sie voll Dankbarkeit blicken? Sind es Ihre Kinder oder Kindeskinder? Ist es Ihr Garten, ist es das Haus, das Sie sich und Ihrer Familie erbaut haben? Sind es die Bilder, die sie gemalt haben? Oder ist es das Leben, das es insgesamt sehr gut mit Ihnen gemeint hat?

4. Die Reise des Verlustes – der bedürftige Mann

Er weiß nicht mehr wie er heißt und er wundert sich über die vielen fremden Gesichter, die behaupten seine Kinder bzw. seine Ehefrau zu sein. Überhaupt findet er sich in seinem Umfeld nicht mehr zurecht. Wo ist er eigentlich? Er schämt sich manchmal und dann vergisst er auch das. Ab und zu hört er ein altes, bekanntes Lied, dann summt er mit wie von ferne, wie aus weiter, weiter Ferne, wie aus einer völlig anderen Welt ...

Die letzte Reise geht in die totale Selbstentäußerung. Der Mann hat nichts mehr, er gibt sich auf, er ist völlig auf die Hilfe anderer angewiesen. Er ist schwerkrank, alt, vielleicht auch dement und hat sich völlig in seine eigene Welt zurückgezogen. Nun ist er auf Hilfe von außen angewiesen, seine Kräfte schwinden zusehend, er braucht Menschen, die ihn pflegen, die ihn verstehen, die ihn nehmen, wie er ist.

IMPULS

Vielleicht kennen Sie ja einen Menschen in dieser Phase des Lebens. Es werden in Zukunft immer mehr werden. Können Sie sich vorstellen, dass es Ihnen einmal so ergehen wird? Wenn ja, dann überlegen Sie sich, was Sie dann brauchen würden, womit man Ihnen eine Freude machen könnte. Formulieren Sie selbstständig ein Gebet für sich für die Zeit, in der auch Sie vielleicht einmal vom Totalverlust betroffen sind.

Stress und Achtsamkeit

Es ist schwül draußen. Die Hitze raubt ihm die Luft zum Atmen. Der Autolärm dringt von der Straße in sein Büro. Sein Kopf wird schwer und der Chef hört einfach nicht auf, ihn mit Arbeiten zu bombardieren. Zuhause wartet eine gereizte Frau auf ihn, denn mit dem Hausbau geht es nur mühsam voran und die Kinder nerven. Er fühlt sich restlos überfordert und denkt: „Wie komm ich bloß aus dieser Nummer wieder raus?"

Wer kennt diese oder ähnliche Situationen nicht? Das Leben wird zur Anspannung (lat. *stringere* > anspannen > Stress), zur Klemme, aus der es kein Reißaus mehr gibt, die einem die Luft zum Atmen nimmt und nach einem Befreiungsschlag ruft. Es gibt viele Stressoren (Reize), die den Stress (engl. Druck, Anspannung) auslösen und dem Menschen das Leben zur Qual machen können. Die große Stressfalle im Leben eines Mannes ist das innerlich empfundene, missbilligende Nein zu noch mehr Arbeit, das dann als freundliches Ja unseren Mund verlässt. Bald schnappt die Falle zu und wir sitzen im Käfig unserer eigenen Selbstüberschätzung. Es ist nicht leicht, nein zu sagen, es ist in der Tat leichter zu leiden, anstatt nein zu sagen und sich sozusagen mutig zu ändern. Wer nein sagt, nimmt in Kauf, von seinen Mitmenschen nicht so gemocht zu werden. Das Gegenteil ist jedoch der Fall. „Willst du etwas gelten, mach dich selten", heißt es bei uns in Bayern.

Neben dem negativen Dis-Stress gibt es aber auch den als sehr positiv empfundenen Eu-Stress (griech. *eu* = gut, fröhlich, wohltuend). Dieser Stress beflügelt einen Mann, er weckt unglaubliche Energien in ihm, ist mit der Freisetzung von Glückshormonen verbunden und erhöht seine

Aufmerksamkeit und Achtsamkeit im Leben. Voraussetzung dafür ist, dass ihm genügend Zeit und Ressourcen zur Verfügung stehen, die ihm die Erreichbarkeit seines Vorhabens erst möglich machen. Ich denke, dass der Mann im Idealfall einer Arbeit nachgeht, die wesentlich zum Unterhalt seiner Familie beiträgt, die ihm Freude bereitet, die Sinn stiftet, die dem Leben dient und es fördert. So lange diese Arbeit gerne verrichtet wird, ist die Frustrationstoleranz beim Mann sehr hoch und er steckt auch vieles ein.

Stress wird erst dann als negativ erlebt, wenn es langfristig keine Kompensations- bzw. Bewältigungsmöglichkeiten gibt. Das ist zum Beispiel bei einem Hausbau der Fall. Da kann man bestenfalls den Bau vorübergehend einstellen, aber auch das kostet Zeit und Geld. Kinder kann man auch nicht so ohne Weiteres abgeben, die sind einfach da, die schreien, haben Hunger, Durst, brauchen Zuwendung, schreien auch in der Nacht, rauben einem den Schlaf ...

Das Stressmanagement kennt eine Vielzahl von Möglichkeiten, die Stressfaktoren zu reduzieren und sozusagen wieder Land in Sicht zu bekommen. Dazu zählen u.a. ein gutes Zeitmanagement, Coaching, Vereinfachung des Lebens, Gartenarbeit, Autogenes Training, Zazen (Sitzen), Yoga, bioenergetische Übungen, Sport als Ventil für krankmachenden Stress uvm. Es gibt also Möglichkeiten. Wir Männer sind wieder einmal ausdrücklich nicht die Opfer unserer Umstände, wir bleiben die Täter unserer erfahrenen Wirklichkeit. Der Schlüssel zu einem gesunden und lebenswerten Dasein liegt in der Tat in unseren Händen.

Oft höre ich überlastete Männer sagen: „Ich muss wieder runterkommen." – Sie fühlen sich von der Spirale der unerfüllbaren Erwartungen, von Mobbing am Arbeitsplatz, von chronischen Beziehungsproblemen oder anderen psychosozialen Stressfaktoren derart hochgeschraubt, dass es ihnen an Bodenhaftung mangelt. Das macht krank und kann den Krankenkassen sehr teuer zu stehen kommen.

Die Spiritualität kennt die Achtsamkeit, das behutsame Leben im Augenblick, als Schlüssel zum erfüllten Leben. Durch Verlangsamung, durch Konzentration auf das Gegebene „fährt der Gestresste runter". Er kann alles Bedrängende langsam aber sicher loslassen, er findet sich in der Gegenwart wieder und wird nicht von vergangenen, momentanen oder zukünftigen Erwartungshaltungen gejagt. Die Wirklichkeit ist unser Freund bzw. das, was wir aus ihr machen. Der Mensch ist nur da ganz Mensch, wo er spielt, wo er in einer Sache oder Aufgabe aufgeht, die ihn beglückt, die ihn in einer Tätigkeit sich selbst vergessen lässt. Was als „Lösungsstrategie" sehr beliebt, aber durchaus kontraproduktiv ist, ist der Gang zum Kühlschrank oder in den Bierkeller. Statistisch gesehen zeigt der Mann ein ausgeprägteres Suchtverhalten als die Frau. Leider zeigt er auch eine weit größere Gewaltbereitschaft als Frauen. Nun seien ein paar Möglichkeiten zum Stressabbau aufgezählt:

1. Überwinden Sie Ihre Trägheit, machen Sie Sport

Den ganzen Tag arbeitet der Klinikseelsorger mit Sterbenden. Er hört ihnen zu, macht ihnen Mut. Er hält ihre Hand und schweigt mit ihnen in ihren letzten Lebensabschnitt hinein. Abends läuft er, er läuft und läuft, bis er keucht und schwitzt. Dann weiß er, dass er noch lebt!

Der Mensch ist ein seltsames Wesen, er macht sehr oft genau das Gegenteil von dem, was ihm wirklich guttut. Manchmal brauchen wir einen Anstoß, einen Freund, der uns aus unserem Schneckenhaus rausholt, der uns mitnimmt auf die Skipiste, an den See, auf den Berg, auf den Tennisplatz. Noch besser ist es allerdings, wenn Sie selbst die Initiative ergreifen, gleich mal vom Sofa aufstehen und aufhören zu jammern.

IMPULS

Wenn Sie gerne Radfahren, Tennisspielen, wenn Sie gerne Bergwandern oder einfach nur Spazierengehen, dann tun Sie dies. In der Bewegung, im Schwitzen, in der Veränderung kommen Sie auf neue Gedanken, lassen Sie Altes los, treffen Sie andere Menschen, lassen Sie Ihr Problem buchstäblich auf der Strecke liegen. Im Gehen und Laufen, im Schwimmen und Radeln lösen sich viele Probleme oft ganz von selbst, weil sie nachher die Welt wie mit neuen Augen sehen.

2. Eine Achtsamkeitsübung mit einem Kieselstein

Der „Trick“ bei den Achtsamkeitsübungen liegt immer darin, dass wir uns aus der Zerstreuung heraus wieder zu sammeln lernen. Wir wandern vom Kopf in die Hände und in das Herz des Mannes. Das bringt Ruhe und Freude in unser Leben und hilft uns, unseren Alltag wieder aktiv zu bewältigen. Es gibt viele Möglichkeiten Stress abzubauen: Sitzen, Schauen, Singen, Musik hören ... Hier geht es um ein Spiel mit einem Stein.

IMPULS

- **Nehmen Sie einen beliebigen Stein in die Hand, schauen Sie ihn sich lange an, beschreiben Sie sein Äußeres, seine Konturen, seine Farben, seine evtl. Risse, seine Größe, sein Gewicht ...**
- **Dann meditieren Sie sich in sein Inneres hinein. Wie lange befindet er sich wohl schon auf Erden? An welchen Orten hat er schon gelegen? Ist er mit der Gletscherschmelze von den Bergen ins Tal geschwemmt worden? Hat er schon Jahrhunderte lang in Flüssen zugebracht? Wer ist schon alles über ihn gegangen?**

- **Und jetzt schreiben Sie einen Bericht: Ich als Stein. Bringen Sie alles zu Papier, was Sie in dieses anorganische Leben hineininterpretieren möchten, lassen Sie Ihrer Fantasie freien Lauf. Es wird Ihnen bestimmt guttun.**

3. Eine Zeitmanagementübung

Es wird viel über die Zeit nachgedacht, was sie sei oder was sie eben nicht sei. Ich sage, dass es Zeit nicht wirklich gibt. Es gibt nur den Augenblick und wenn Sie den versäumen, dann haben Sie alles versäumt. Bleiben Sie im Augenblick, er ist die Fülle der Zeit, er ist der Himmel auf Erden. Lassen Sie sich nicht entmutigen, wenn es nicht gleich beim ersten Versuch „klappt", bleiben Sie dran, das ist der Clou. Wichtig ist der Anfang, nicht gleich das komplette Erfolgserlebnis, im Tun wird es Ihnen bestimmt schon leichter fallen.

IMPULS

- **Erstellen Sie sich eine Liste von allen Dingen, die Sie schwer beschäftigen, die Sie belasten, z.B. die Steuererklärung, das unaufgeräumte Arbeitszimmer, ein ausstehendes Gespräch mit dem Chef, ein kaputter Staubsauger usw.**
- **Nun nummerieren Sie alle Ihre äußeren „Stressfaktoren" nach Wichtigkeit. Suchen Sie sich die wichtigsten drei Aufgaben aus und überlegen Sie in Stichworten, wie Sie diese Aufgaben bewältigen können, was Sie abgeben können und was nur Sie alleine erledigen können. Welche Hilfe steht Ihnen zu Verfügung? Nehmen Sie diese auch in Anspruch!**
- **Die anderen Aufgaben lassen vorerst auf sich warten, Sie müssen nicht heute, vielleicht erst in einer Woche, angegangen werden, wenn die ersten drei Anliegen abgearbeitet sind.**

- **Diese Aufgabe wird Ordnung in Ihr Leben bringen, sie wird Ihr Leben leichter machen und Sie werden Sie gegebenenfalls wiederholen müssen.**

4. Die Signalübung

Diese Übung ist gut geeignet, wenn Sie sich in einer verfahrenen Situation befinden. Sie hat sich vielfach bewährt, klappt aber vielleicht nicht schon gleich beim ersten Mal. Jedenfalls tut es gut zu wissen, dass es da „etwas" gibt, dass mir als Mann hilft, mit Stresssituationen gut umzugehen. Bevor es im Ernstfall eskaliert, rufen Sie aus dem verinnerlichten Gedächtnis durch eine Symbolhandlung eine schöne Erinnerung ab. Diese soll Sie erden und vor unüberlegten Handlungen bewahren.

IMPULS

- Vergegenwärtigen Sie sich ein schönes Erlebnis, z.B. am Strand oder auch eines, wo sie ganz souverän gehandelt haben. Fühlen Sie sich in dieses Ereignis hinein, holen Sie die Bilder und Gerüche, die Personen, Tiere, Pflanzen ... in Ihr Gedächtnis. Markieren Sie jetzt diese Erinnerung mit einem körperlichen Signal, z.B. Ohrläppchen-Zupfen oder Fingerdrücken usw. Sie sollten diese ritualisierte Bewegung automatisch mit Ihrem Erlebnis in Verbindung bringen und bei Bedarf abrufen können.
- Wenn es nun ganz stressig wird, rufen Sie die schöne Erinnerung ab. Wenn Sie Glück haben, bleiben Sie dann ganz cool und steigen als moralischer „Sieger" aus der Stresssituation heraus. Einen Versuch ist es allemal wert.

5. Die Metaübung

Diese Übung lässt sich im Trockentraining gut vorbereiten. Sie holt uns aus dem emotionalen Geladen-Sein auf die relativ überschaubare, emotionsfreie Meta-Ebene. Auf Meta (griech. dahinter > hinter dem Stress) bin ich, wenn ich gelassen und ruhig auf ihn (mich), den Gestressten, blicken kann und ihm im Stillen Hilfestellung anbieten kann. Dass wir auf Meta dissoziiert (von den Stress-Symptomen getrennt) sind, erkennen wir daran, dass wir über uns wie von einem anderen sprechen und sozusagen von außen schauen, was hier abgeht, was „dieser Mann" jetzt braucht.

IMPULS

- **Wichtig ist, dass wir in einem Zimmer, einem Raum, einem Saal ... einen Platz finden, wo wir von außen, d.h. emotional möglichst neutral, auf uns blicken und fragen: „Was macht der da gerade? Er hat ja schon einen ganz roten Kopf! Was braucht er jetzt? – Vielleicht einen Schluck Wasser oder einen kleinen Spaziergang?" Die Meta-Ebene lässt sich auch markieren, z.B. durch einen Bleistift oder eine Serviette o.ä. Wenn wir uns dorthin stellen, spüren wir im Idealfall nichts mehr von den Stresshormonen, sonst müssten wir uns einen anderen Platz suchen. Das geht natürlich auch im Kopf, dazu muss man nicht zwingend den Platz wechseln.**
- **Beobachten Sie jetzt vom Metaplatz aus, was Sie als ER tun: z.B. schreiben, rechnen, streiten, schreien, sprechen ... Beschreiben Sie IHN imaginär: seine Kleidung, sein Verhalten, sein Äußeres, seine Stimme, seine Stimmung. Erst wenn Sie von sich in der dritten Person sprechen, sind Sie emotional ganz draußen. Üben Sie das bisweilen, dann können Sie dem „Gestressten" im Ernstfall eine große, erdende und deeskalierende Hilfe sein.**

6. Entschleunigen Sie Ihr Leben

Daniel fährt extrem langsam mit dem Fahrrad. So langsam, dass spitze Zungen flüstern: „Ein anderer wäre längst umgefallen." Was die wenigsten wissen: Daniel fährt das ganze Jahr über jeden Tag ca. 10 km einfach mit dem Rad zur Arbeit, bei jedem Wetter, bei Wind und Regen, Eis und Schnee. Und er ist immer der Erste im Büro.

Wenn ich es eilig habe, gehe ich langsam, dann komme ich schneller ans Ziel. Ich stolpere nicht, ich vergesse nichts, ich übersehe nichts und niemanden. Die Langsamkeit bildet einen heilsamen Gegenpol zu einer hektischen Zeit. Wer sich in der Langsamkeit übt, sieht den soziokulturellen Anforderungen sich verändernder Lebensgeschwindigkeiten mutig ins Auge. Multitasking und Langsamkeit vertragen sich nicht, deshalb ist die Langsamkeit die Schule der Konzentration auf die eine Sache, die in diesem Augenblick von Bedeutung ist. Langsamkeit fördert auch die Achtsamkeit und die ist im Alltag von höchster Bedeutung: beim Essen, beim Umgang mit den Kindern, beim Sport, beim Arbeiten ...

Ich kenne einen Schreinermeister, der seit vielen Jahren eine Firma leitet. Er spricht über einen alten, offenkundig sehr langsamen Mitarbeiter: „Hans arbeitet sehr gemächlich, aber am Abend hat er trotzdem am meisten geschafft. Er arbeitet kontinuierlich, macht keine Fehler und ist gerne und beherzt mit ganzer Aufmerksamkeit bei der Sache. Er ist natürlich kein Reißer, aber ich möchte nicht auf ihn verzichten. Er ist mein bester Mann."

Mir geht es ähnlich beim Bergwandern. Wenn ich in einer Gruppe gehe, bin ich meist der Langsamste, denn ich gehe in meinem Tempo. Langsam, gleichförmig und ausdauernd wandere ich meinem Ziel entgegen. Unterwegs muss ich nicht groß rasten, mache nicht schlapp und komme manchmal vor den anderen ans Ziel.

IMPULS

- **Nehmen Sie sich für heute eine bestimmte Aufgabe vor, z.B. Rasen mähen oder Müll ausleeren. Lassen Sie sich heute bei dieser Tätigkeit nicht hetzen, setzen Sie bedacht und behutsam einen Fuß in aller Seelenruhe vor den anderen. Arbeiten Sie fast wie in Zeitlupe, Sie werden staunen, wie viel Sie in der vorgegebenen Zeit schaffen werden. Die Arbeit wird Ihnen fast wie eine Erfrischung, wie eine Erholung vorkommen, denn Sie sind von nichts und niemandem getrieben.**
- **Wenn Sie heute mit dem Auto unterwegs sind, dann halten Sie sich exakt an die vorgegebenen Geschwindigkeiten. Sie müssen nicht die angegebene Höchstgeschwindigkeit fahren, Sie dürfen auch langsamer fahren. Bleiben Sie auf der rechten Spur. Ihre Fahrweise wird einen erholsamen und sicheren Charakter haben und unter dem Strich sind Sie auch nicht viel länger unterwegs.**

7. Setzen Sie Ihren Vorhaben zeitliche Grenzen

Damit die Aufgaben, die auf uns zuströmen in unserer Eigenverantwortung bleiben, ist es hilfreich und notwendig, uns nicht zu verzetteln, d.h. wir setzen unseren Vorhaben zeitliche Grenzen. Was wir bis dahin geschafft haben, ist das Ergebnis unserer Bemühungen und das sollte genügen. Schließlich sind wir ja auch noch vor andere Aufgaben gestellt, die ebenfalls nach Erledigung verlangen. Auch so kommt Ordnung und Struktur in unser Leben und verhindert uferloses Ausschweifen, Frust und Antriebslosigkeit. Wenn Sie sich an diese Regel halten, gewinnen Sie an Selbstbestimmung und die wiederum steigert Ihren Selbstwert.

IMPULS

Angenommen Sie müssen in drei Wochen ein Projekt für die Arbeit abgegeben haben. Nebenher läuft aber auch noch der ganz normale Arbeitsalltag und die Herausforderungen in der Familie sind ebenfalls sehr groß. Setzen Sie dem Projekt ein temporäres Limit: Was Sie in zehn Tagen schaffen, das geben Sie in drei Wochen ab. So haben Sie wieder etwas mehr Luft für ihre Familie.

8. Beobachten Sie die Veränderungen in der Natur

Die Natur lässt sich nicht leicht bändigen. Sie ist ein wilder, archaischer Ort, an dem sich viele Männer grundsätzlich wohl fühlen. Die Natur ist dem Einflussbereich der menschlichen Machbarkeit entzogen und hat in ihrer Urtümlichkeit und Wildheit beeindruckende Wirkung auf den Mann. Wenn die Landkarte des männlichen Herzens mit der unbebauten Landschaft, die ihn umgibt, übereinstimmt, kommt der wilde Mann nach Hause. In der Natur wächst nichts schnell. Alles braucht seine Zeit, egal, ob es sich dabei um einen Baum oder eine Schnecke handelt, einen Schmetterling, der sich entpuppt, eine Blume, die sich aus dem Erdreich kämpft, eine Katze, die mit aller Geduld eine Maus fängt ... Alles braucht seine Zeit.

IMPULS

Nehmen Sie sich diese Zeit, um darüber zu staunen, wie die Natur in aller Stille und Bescheidenheit Großes hervorbringt. Halten Sie den Augenblick mit einem Foto fest oder lassen Sie sich zu einem Gedicht inspirieren. Sie können auch ein Bild von dem Geschauten zeichnen, das sie mit großer Ausdauer und Beharrlichkeit beobachten ohne sich ablenken zu lassen. Vergessen Sie nicht, sich aller Verpflichtungen wie Termine oder Mobilfunkgeräte zu entledigen, um ganz für das Abenteuer Natur da zu sein.

Männerfreundschaften

Ernst lebt alleine. Er ist mit 63 aus dem Dienst geschieden (worden) und hat noch keinen Rentenanspruch. Er kommt gerade so finanziell über die Runden. Aber ganz schlimm für ihn ist es, dass er keine Familie und keinen Freund hat, dem er sagen könnte, wie einsam er sich fühlt.

Wie Ernst geht es heute vielen – vorwiegend älteren – Menschen. In Großbritannien spricht man von der Volkskrankheit Einsamkeit und deshalb hat die britische Regierung beschlossen, ein Ministerium für Einsamkeit (Ministery for Loneliness) einzurichten. Es soll diese Entwicklungen erforschen und ihnen politisch entgegenwirken.

Ohne einen Freund ist die Welt verlorener, heimatloser, mit einem guten Freund wird sie zu einem vertrauten, bewohnbaren Ort. Ein guter Freund ist wie eine sichere Burg, wo ich immer Zuflucht suchen kann, wo ich geborgen bin, wo ich Heimat finde und das ohne viele Worte und Erklärungen. Ein echter Freund ist wie ein starker Baum in unsicheren und stürmischen Zeiten, an ihn kann ich mich anlehnen, bei ihm finde ich Orientierung und Halt.

Männerfreundschaften sind ein großes Geschenk und sie wollen gepflegt werden. Bei einem guten Freund ist auch meine Sehnsucht und mein Dunkel zuhause. Alles darf beim guten Freund sein wie es ist. Ich muss ihm nichts vorspielen, ich muss mich nicht verstellen, ich darf auch mal einen unüberlegten Spaß machen und werde dafür nicht vorgeführt. Ein Blick genügt und dasselbe Lachen, dieselbe Wellenlänge ist da, so als wären anstatt der sechs Monate seit unserer letzten Begegnung gerade mal zwei Tage vergangen.

Männerfreundschaften sind – wenn sie Tiefgang haben – etwas sehr Kostbares. Sie wachsen langsam und beständig und können über Jahre, oft auch ein ganzes Männerleben lang, halten. Die Frage ist nun: Wie gewinne ich einen Freund? Und wie halte ich meinen Freund?

Natürlich ergibt sich vieles aus Gelegenheiten heraus: Wenn jemand in einem Verein engagiert ist, wird er sich mit Gleichgesinnten zusammentun und daraus können Freundschaften entstehen. Gemeinsame Interessen verbinden. Echte Freunde sind ein Geschenk, sie tauchen auf, sie bleiben, sie tauchen auch in schweren Zeiten nicht ab. Umgekehrt investiere auch ich in Freundschaften: Ich gratuliere zum Geburtstag, ich schenk dem Freund Exklusivzeiten, ich bin gastfreundschaftlich ... Es geht in der Freundschaft nicht primär um die Quantität der befreundeten Männer, sondern um die Qualität der Beziehung. Diese Qualität lässt sich erhalten, wenn wir dem Freund Zeit schenken, wenn wir gemeinsame Unternehmungen in Angriff nehmen, wenn wir ihm nicht nur schmeicheln, sondern ihn auch auf Dinge aufmerksam machen, die für ihn und seine Umgebung unangenehm sein können. Ein guter Freund hat die liebevoll zugemutete Wahrheit verdient und er wird es mir in der Regel auch danken. Das Erste Testament kennt viele Stellen zum Thema „Männerfreundschaft“:

So heißt es im Buch der Sprichwörter: „Der Freund erweist zu jeder Zeit Liebe, der Bruder ist für die Not geboren.“ (Spr 17,17) Und der Weisheitslehrer Ben Sira rät: „Wenn du einen Freund gewinnen willst, gewinne ihn durch Erprobung und vertrau ihm nicht zu schnell.“ (Sir 6,7) Es braucht Zeit, die Freundschaft zu begründen und den Wert des gesprochenen Wortes und der freundschaftlichen Versprechen herauszufinden. Aber wenn wir uns von der Verlässlichkeit des Freundes und von seiner Diskretion überzeugt haben, dann behält der Weisheitslehrer Ben Sira Recht: „Ein treuer Freund ist ein starker Schutz, wer ihn findet, hat einen Schatz gefunden. Für einen treuen Freund gibt es keinen Gegenwert, seine Kostbarkeit lässt sich nicht aufwiegen. Ein treuer Freund ist die Arznei des Lebens und es werden ihn finden, die den Herrn fürchten." (Sir 6,14-16) Freundschaft kennt auch sehr viel Toleranz und Versöhnungsbereitschaft, denn Freunde sind nun mal so, wie sie sind, wir haben keine anderen. Und sie haben uns.

Abschließend folgen ein paar Anregungen zur Männerfreundschaft:

1. Sei selbst ein guter Freund, dann wirst du Freunde finden

In der Freundschaft ist es wie im richtigen Leben: Ich ernte, was ich säe, ich bin, was ich tue und ich bin – ob ich es will oder nicht – auch für meine Mit-Männer oft genug ein Vorbild. Wenn es mir wichtig ist, dass mich der Freund an seinem Geburtstag einlädt, dann bitte ich ihn selbstverständlich zu mir, wenn ich selbst Geburtstag feiere. Oder wenn ich möchte, dass der Freund peinliche Unannehmlichkeiten meidet, dann bewahre ich meinerseits höchste Diskretion. Außerdem werde ich nachsichtig sein mit den Fehlern und Schwächen meines Freundes, wie auch ich von ihm Nachsicht und Vergebungsbereitschaft erwarte.

IMPULS

Ein Spruch lautet sinngemäß: „Der beste Weg einen Freund zu finden besteht darin, selbst einer zu sein!" – Nehmen Sie zu diesem Satz Stellung und überlegen Sie sich, wie Sie ein guter Freund sein können. Welche guten Eigenschaften legen Sie selbst in eine Freundschaft? Was ist Ihnen wichtig? Wie verbringen Sie die Zeit mit Ihrem Freund?

2. Die spirituelle Dimension der Freundschaft

Ben Sira gibt der Freundschaft eine religiöse Dimension, wenn er die Gottesfurcht der Freundschaft voranstellt: „Wer den Herrn fürchtet, hält aufrechte Freundschaft, denn wie er selbst, so ist auch sein Nächster.“ (Sir 6,17) Die Gottesbeziehung hängt nicht im luftleeren Raum, sie erdet sich, sie bewährt und sie konkretisiert sich immer im Nächsten, in diesem Fall im Freund. Im Johannesbrief heißt es demgemäß: „Und dieses Gebot haben wir von ihm: Wer Gott liebt, soll auch seinen Bruder lieben.“ (1 Joh 4,21) Ich persönlich finde es sehr schön, wenn der Wind des Gottesgeistes zwischen den Freunden tanzen kann, wenn sie sich nicht zu nahe kommen, sich nicht mit ihren Bedürfnissen und Sorgen erdrücken, aber andererseits auch nicht zu weit voneinander entfernen.

IMPULS

Man kann dem Freund viel zumuten, aber nicht alles, denn auch er hat Sorgen und Probleme. Deshalb ist es sinnvoll, wenn Sie Ihrer Freundschaft einen göttlichen Segen von oben geben. Formulieren Sie heute ein Gebet, das Ihre Freundschaft zum Inhalt hat und seien Sie gewiss, dass Gott alles aushält. Denken Sie immer daran: Jeder Mensch, dem Sie begegnen, hat seine eigenen Probleme. Er hat es verdient, dass Sie ihm freundlich begegnen.

3. Männer, die sich umarmen

Der Lieblingsjünger Johannes ruhte beim letzten Abendmahl an der Brust Jesu (Joh 21,20). Jesus selbst kennt keine Angst vor Berührungen: Er lässt sie bei Frauen, Kranken, Aussätzigen und bei seinem Freund Johannes ausdrücklich zu. Er berührt Kinder, segnet sie, er wäscht seinen Jüngern die Füße ...

Männerfreundschaft ist oft von Homophobie belastet. Viele Männer fürchten körperlichen Kontakt, um nicht in die Nähe der Homophilie zu gelangen. Dabei brauchen sie die körperliche, unbefangene Nähe von Männern. Männer, die sich umarmen, gibt es zum Beispiel in Mannschaftsritualen von Fußball- oder Eishockeyspielern am Beginn eines Spieles oder nach einem gefallenen Tor. Diese Nähe tut Männern gut, denn sie haben nicht nur einen Körper, sie sind auch einer und sie dürfen einer sein.

4. Ein körperliches Freundschaftssymbol

- Nehmen Sie sich zwanzig Minuten Zeit, stellen Sie sich aufrecht in den Raum, die Beine sind hüftbreit, die Arme sind ausgestreckt an die Hüfte angelegt, atmen Sie mehrere Minuten gleichmäßig durch. Wenn Sie möchten, können Sie die Augen schließen.
- Nun denken Sie an einen ganz lieben Freund. Vergegenwärtigen Sie sich sein Gesicht und Erlebnisse, die Sie mit ihm verbinden. Nehmen Sie sich die Zeit, ihm auf die Spur zu kommen. Meditieren Sie Eigenschaften, die Ihnen an Ihrem Freund gefallen, z.B. Verlässlichkeit, Verschwiegenheit, Fleiß, Zurückhaltung, handwerkliches Geschick ...
- Fassen Sie diese Eigenschaften in einem für Sie stimmigen Symbol zusammen. Stellen Sie dieses Symbol mit Ihrem Körper dar, verwenden Sie dazu Ihr Gesicht, Ihre Beine, Ihren Rücken, Ihre Hände, Ihre Hüfte, Ihren Hals ... z.B. können Sie Verlässlichkeit breitbeinig mit nach oben hin wie zu einem Felsen kreisrunden geschlossenen Armen darstellen. Es muss kein Standbild sein, das Sie erstellen, es kann durchaus auch eine fließende Pantomime sein.
- Haben Sie keine Angst, es schaut Ihnen niemand zu, machen Sie

es für sich, und wenn Sie wollen, sprechen Sie mit Ihrem Freund darüber und zeigen Sie ihm Ihr Körpersymbol.

- Wenn Sie fertig sind, denken Sie darüber nach, was das Symbol mit Ihnen zu tun haben könnte. Vielleicht schätzen Sie am Freund Eigenschaften, die Sie selbst haben?

Zweifelnde Männer

„Wo wohnst du?" – Diese Frage hat mir ein kleiner Bub mit ca. 5 Jahren gestellt, als ich als Heiliger Bischof Nikolaus verkleidet war. Es war mein erster Hausbesuch als Bischof Nikolaus und ich war damals 18 Jahre alt. Momentan wusste ich keine passende Antwort auf seine Frage und so stotterte ich heraus, dass ich mit einem Rentierschlitten vom Himmel her komme. Der Junge entgegnete mir kühn: „Das glaub ich dir nicht."

Tatsächlich war meine Antwort auf die völlig überraschende Frage des Jungen pädagogischer Müll. Andererseits freut mich heute noch der kritische Scharfsinn, mit dem der mutige Junge den als Bischof Nikolaus Verkleideten überführt hat.

Für mich persönlich ist der Glaube, der keinen Zweifel kennt, entweder naiv oder fanatisch. Ich höre oft erwachsene Männer sagen: „Dass Jesus über das Wasser gegangen sein soll, nehme ich ihm nicht ab!" So ist es mit vielen Dingen: mit dem Siebentagewerk im Buch Genesis, mit dem Durchzug durch das Rote Meer, mit den Totenerweckungen, mit der wunderbaren Brotvermehrung usw. All das verlangt einen historisch-kritischen Blick vom Betrachter.

Naive Menschen verschließen sich gerne vor der Wirklichkeit, sie sehen nur das, was sie sehen wollen und das oft genug durch eine rosarote Brille. Naive Menschen halten es nicht aus, dass ihr festgezurrtes Glaubenskonstrukt hinterfragt wird. Sie sehen jeden vernunftbegründeten Zugang zu den Glaubensgeheimnissen sofort als Angriff und fühlen sich in ihrer Religiosität bedroht und verletzt. Und Fanatiker nehmen alles für bare Münze. Die Kreationisten Amerikas verstehen beispielsweise die Bibel wortwörtlich. Dabei sind sie oft sehr rigoros und ungnädig Andersdenkenden gegenüber und neigen auch zu massiver Gewalt um ihre Überzeugungen mit Nachdruck zu verteidigen. Die islamistischen Terroristen sind ein abschreckendes Beispiel für eine wortwörtliche Auslegung mancher Koran-Stellen, die die „Ungläubigen“ zu Opfern brutaler, religiöser Herrschaftsansprüche werden lässt.

Nur durch den Zweifel hindurch, durch wichtige Fragen, z.B. nach dem tiefen Lebenssinn, nach der körperlichen Auferstehung, nach der Existenz Gottes, nach dem ewigen Leben, nach dem echten Willen Gottes, nach einem gerechten Gott angesichts des ungerechten Leidens auf dieser Erde, wird der Mensch geläutert und letztlich auch in seinem reifer gewordenen Glauben gestärkt. Der Zweifel ist existentiell und er ist heilsam, weil er dem Glauben an die Wurzel geht und ihn auf den Prüfstein stellt. Echte Männer müssen zweifeln, sie müssen durch die Dunkelheit, durch die Nacht der Seele, wie die Mystiker sagen.

Ein Mann bei einem Männerseminar hat mir kürzlich mitgeteilt, dass er beim Gedanken daran, wer denn Gott erschaffen habe, die Panik bekäme. Er rang sozusagen mit dem Anfang vor dem Anfang. Er hat mich direkt nach einer persönlichen Antwort gefragt und ich habe gesagt: „Gott ist das Alpha und das Omega, der Anfang und die Vollendung. Im Anfang schuf Gott Himmel und Erde. Und am Anfang war das Wort, durch das alles geworden ist und dieses Wort war Gott, es ist in Jesus Fleisch geworden ...“ Wir haben dann den Johannesprolog (Joh 1,1ff.) miteinander gelesen und das hat ihn wieder beruhigt. Von diesem suchenden Mann habe ich gelernt, wie heilsam und erhellend richtige Worte in dunklen Stunden sein können.

Es ist eine Frucht der Aufklärung, den Glauben kritisch zu beleuchten und zu hinterfragen. Solche Menschen fallen gefühlt oft genug in den „Unglauben“ und solidarisieren sich auf diese Weise mit den vielen

Atheisten, Gleichgültigen (Agnostikern) und religiös Desinteressierten dieser Erde. Problematisch wird es, wenn die Zweifelnden den Zweifel zu ihrer neuen „Ideologie" erheben und aus dieser kritischen Phase nicht wieder geläutert herauskommen. Wer sich dem Zweifel total verschreibt, entledigt sich jeglicher Basis und läuft Gefahr, sich im Relativismus der Beliebigkeiten haltlos zu verlieren. Man kann nämlich durchaus auch den Zweifel zweifelnd hinterfragen.

Ich denke, wir Männer müssen uns die Mühe machen, den Glauben wie eine Zwiebel Schicht für Schicht zu zerlegen. Es ist vernünftig, Menschliches, d.h. Historisches, naturwissenschaftlich Erklärbares, physikalisch Messbares, biologisch Mögliches ..., mit dem Geheimnis des Glaubens zusammenzuschauen ohne das Eine oder Andere zu verdammen. Die Aussage: „Denn für Gott ist nichts unmöglich" (Lk 1,37), darf nicht zur Ausrede für menschliche Bequemlichkeit und Denkfaulheit werden. Zweifeln ist sehr anstrengend und bedarf einer großen kognitiven Leistung. So kann die – vom Glauben erhellte – menschliche Vernunft höchste Vollendung erfahren. Es bedarf eben auch des Mutes, tiefgründig und kritisch zu fragen und sich des eigenen Verstandes, der ja auch ein Geschenk Gottes ist, zu bedienen. Das ist durchaus nicht selbstverständlich und wird z.B. in manchen islamischen Ländern dieser Erde rigoros untersagt. Insofern ist der Satz von Immanuel Kant: „Aude sapere! – Wage zu denken!", auch für moderne Männer von großer Bedeutung, so sie nicht im Sumpf der Leichtgläubigkeit oder Unwissenheit an Glaubwürdigkeit verlieren wollen.

1. Was wäre, wenn es Gott nicht gäbe?

Stellen Sie sich dieser Frage und denken Sie diese zu Ende. Ein Leben ohne Gott, ein Leben ohne Gebote, ein Leben ohne Kirchen, Dome,

Tempel, ohne Rituale und Sakramente, ein Leben ohne Liebe, ohne ethisch-verbindlicher Orientierung, ohne Versöhnung. Vielleicht auch ein Leben ohne Glaubenskriege, ohne Selbstmordattentäter, ohne pseudoreligiöser Kriege, Täuschungen, Machtansprüche, Verführungen? Es gäbe keine religiösen Fanatiker und Psychotiker mehr, aber auch keine Heiligen, keine Liebenden, keine Friedensstifter. Was passiert, wenn wir Gott abschaffen würden, wenn es ihn nie gegeben hätte, wenn er – wie der Religionskritiker Ludwig Feuerbach sagte – nur eine Projektion des Menschen sei?

IMPULS

Gehen Sie der Frage nach den Folgen einer totalen Absenz Gottes ehrlich auf den Grund. Notieren Sie Ihre Erkenntnisse, ringen Sie mit Ergebnissen. Wenn Sie keine befriedigende Antwort finden, halten Sie diese offenen Fragen ruhig aus, es könnte auch ein Zeichen für inneres Wachstum, für Läuterung zu einem authentischeren, reiferen Leben sein.

2. Stellen Sie sich Fragen, die sie schon immer beschäftigt haben

Mir persönlich sind Menschen, die mit vielen offenen Fragen leben, sehr sympathisch. Sie bestehen nicht auf Ihre eigene Meinung, sie krallen sich nicht wie Machtkonservative krampfhaft daran fest. Sie wähnen sich nicht ständig im Recht und geben dem Leben Raum für Vielfalt und freie Meinungsäußerung. Sie beleben die Runden, denn es ist ohnedies sehr bedenklich, wenn in einer Gemeinschaft alle derselben Meinung und Überzeugung sind. Dann stimmt meistens etwas nicht. Zweifler erfrischen das menschliche Miteinander, weil für sie nichts selbstverständlich und automatisch gegeben zu sein scheint. Sie regen dazu an, das Leben von verschiedenen Seiten und Perspektiven zu beleuchten. Sie jammern nicht nur, sondern bieten auch konstruktive Lösungsangebote an, das macht die Auseinandersetzung mit ihnen so fruchtbar und gewinnbringend.

IMPULS

Notieren Sie sich Fragen, die Sie schon immer beschäftigt und beunruhigt haben. Das könnte zum Beispiel sein: Gibt es ein Leben nach dem Tod? – Wer oder was war vor Gott? – Warum bringt die Religion oft so viel Leiden über diese Welt? – Wie kann eine Jungfrau zur Mutter werden? Setzen Sie sich gedanklich mit diesen und anderen Themen auseinander und sprechen Sie darüber mit einem Menschen Ihres Vertrauens.

3. Üben Sie konstruktive Kritik an der Religion

Lange Zeit wurde das Religiöse zu selbstverständlich als heilig und somit unantastbar angesehen. Mit dieser Einstellung hat man auch viel Unrecht – z.B. den Missbrauch von Kindern in kirchlichen Einrichtungen – verharmlost und beschönigt. Religion ist paradoxerweise ein geeignetes Mittel, um sich vor Gott zu verstecken und ihn für schlechte Eigeninteressen zu missbrauchen. Durch Vortäuschung eines frommen Lebensstils lässt sich viel Unheil, z.B. ein „heiliger" Krieg, verbreiten. Üben Sie bewusst Kritik an bestehendem Unrecht, bedienen Sie sich Ihrer Vernunft und klären Sie Ihre Einstellung zu religiösen und kirchlichen Fragen. Zum reifen Mannsein gehört auch, dass man sich von Kindheitsvorstellungen langsam verabschiedet und sich eine eigene, wohlbedachte Meinung bildet. Dieses Loslassen ist mitunter ein schmerzhafter, aber heilsamer Prozess. Vergessen Sie dabei niemals, dass auch Ihre persönliche Geschichte unter den Aspekt des Zweifels und der Kritik gestellt werden kann.

IMPULS

- **Fragen Sie z.B. bewusst nach, wie es möglich ist, dass Diözesen in Deutschland Millionen Gelder in dunklen Kanälen verschwinden lassen, während andererseits ständig für Armenspenden geworben wird. Denken Sie dabei aber auch daran, dass die Wurzel vielen Übels bei Ihnen selbst beginnt, weil Sie Ihr eigenes Unvermögen und Ihre Eigenverantwortung nicht leichtfertig auf andere projezieren und abgeben sollen.**
- **Ein Unrecht könnte auch darin bestehen, dass Frauen und Männer in der Kirche unterschiedliche Wertung erfahren. Was spricht Ihrer Meinung dagegen, dass Frauen zu Diakonissen geweiht werden und andere Leitungsämter übernehmen?**
- **Leider gibt es in der Kirche oftmals ein gespaltenes Verhältnis zwischen so genannten Getauften (Laien) und Geweihten (Diakonen, Priestern, Bischöfen). Finden Sie dieses Missverhältnis in Ordnung? Suchen Sie nach Wegen für einen anderen, neuen Umgang, die der menschlichen Vernunft standhalten können.**

4. Hinterfragen Sie Ihren eigenen Lebensstil

Wenn wir schon beim Kritik üben sind, ist es nur fair, auch das eigene Leben, die eigenen Anschauungen, den eigenen Lebensstil genauer unter die Lupe zu nehmen. Egal, wo Sie stehen, Sie dürfen weitergehen, sich weiterentwickeln, Sie müssen nicht ein Leben lang in Ihrer augenblicklichen Position verharren. Selbstbesinnung ist der Beginn der Erneuerung der ganzen Welt. Es gibt ein dementsprechendes Gebet von Kardinal Henry Newman kurz nach seiner Konversion zur katholischen Kirche: „Herr, erneuere deine Kirche und fang bei mir an."

IMPULS

- **Können Sie sich das vorstellen? Überlegen Sie, welchen Wert Ihr Leben bekäme, wenn Sie als Christ überzeugend lebten, wenn Sie die Gebote hielten, den Sonntag heiligten, sich in Ihrer Gemeinde engagierten, wenn Sie die Kirche von innen, bei sich beginnend, reformierten? Stellen Sie sich vor, Sie würden das, was Sie an der Kirche, am Glauben kritisieren, selbst viel besser und ganz anders machen.**
- **Denken Sie darüber nach, dass die beste Kritik des Schlechten darin besteht, selbst etwas Besseres zu tun.**

Der einfache Mann

In meiner Ordenszeit hatte ich einmal Aushilfsdienst in einem Franziskanerkloster in Tirol. Dort bin ich einem alten Bruder begegnet. Seine Zelle war sehr einfach: ein Stuhl, ein Bett, ein Schrank, ein Schreibtisch, eine Brille, ein Rasierer und seine Flöte befanden sich in der Zelle. Auf der Flöte spielte er mir mit großer Freude viele Lieder vor. Seine Augen leuchteten und er hatte sichtlich einen Riesenspaß am Spielen. Seine Freude schwappte auf mich über und ich dachte für mich: „Wenn ich einmal alt bin und noch so viel Freude im Herzen trage und so wenig brauche, um glücklich zu sein, dann kann ich wirklich sehr zufrieden sein."

Man muss kein Minderbruder sein, um einfach zu leben, aber vielleicht ist es im Orden etwas leichter? Da gibt es von Haus aus nicht so viele Ablenkungen, man verfügt nicht über so viel Eigenkapital und als Klosterbruder braucht man schlichtweg nicht so viel, wie als Familienvater mitten in der Welt.

Heute lebe ich in einem schönen Haus und man ahnt gar nicht, was da so alles zusammenkommt und wie sehr einen der nicht mehr gebrauchte Unrat belasten kann. Eine gute Woche haben wir geräumt, sortiert und Müll weggefahren, bis unser Keller endlich in dem Zustand war, in dem wir ihn haben wollten. Aber dann wurde es uns tatsächlich leichter ums Herz. Weniger ist mehr. Das gilt auch für so manche Habseligkeiten, die einem das Leben ganz schön schwer machen können. Interessanterweise verwandeln sich die Hausbesitzer, wenn sie sich ihres überflüssigen Hausrats entledigen: Sie werden zufriedener, bescheidener, sie lachen wieder aus der Tiefe ihres Herzens, sie sind unbekümmerter. Es lebt sich einfacher mit weniger Gerümpel, das gilt natürlich auch für den Menschen mit Feinkostgewölbe, d.h. mit einem gewissen Bauchansatz. Leichter an Körpergewicht und Seelengerümpel lebt es sich direkter und unkomplizierter.

Der Evangelist Lukas empfiehlt: „Verkauft euren Besitz und gebt Almosen! Macht euch Geldbeutel, die nicht alt werden! Verschafft euch einen Schatz, der nicht abnimmt, im Himmel, wo kein Dieb ihn findet und keine Motte ihn frisst! Denn wo euer Schatz ist, da ist auch euer Herz." (Lk 12,33f.) Lukas ahnt, dass Besitzanhäufungen und Versicherungen aller Art das unruhige Herz des Menschen nicht zu stillen vermögen. Tatsächlich sind viele Reiche unglücklich und zwar so lange, bis sie mit Ärmeren zu teilen beginnen. Das schafft Beziehungen und gibt dem Leben eine neue Qualität.

Im Loslassen, in der Selbstentäußerung, in der Rückkehr zu einem anspruchslosen Leben, verschafft sich der Mensch einen Schatz, der bleibt. Wer teilt, gewinnt und vermehrt. Das bedeutet natürlich nicht, dass wir grundsätzlich auf finanzielle Vorsorge verzichten müssen, aber es lenkt unseren Blick auf das wirklich Notwendige: auf Gott, der allein unsere Sehnsucht restlos zu stillen vermag.

1. Entrümpeln Sie Ihre Wohnstatt

Wer sein Leben vereinfachen möchte, ist dazu eingeladen, sich von Dingen, die er länger als zwei Jahre nicht mehr benutzt hat, zu trennen: Kleider, Schuhe, Bücher, Ordner, Geschirr, Spielsachen, CD's, Skripte, Hausrat und Gerümpel aller Art können darunter fallen. Meistens befindet sich besonders viel Unbrauchbares auf dem Dachboden oder im Keller. Ein prüfender Blick dorthin kann nicht schaden.

IMPULS

- **Sortieren Sie die Dinge aus, die Sie schon länger nicht mehr gebraucht haben, die in Ihrem Leben voraussichtlich keine Verwendung mehr finden werden und trennen Sie sich von ihnen. Das ist schwer, aber noch schwerer ist es, an ihnen hängen zu bleiben.**
- **Geben Sie Ihren Überfluss an Menschen weiter, die dessen bedürfen. Stellen Sie Ihre Habe zum Verschenken ins Internet oder bringen Sie sie zur Caritas oder Diakonie.**

2. Entrümpeln Sie Ihren Körper

Viele Männer leiden an Adipositas. Das Übergewicht – insbesondere das Bauchfett – macht ihnen schwer zu schaffen. Es belastet den Kreislauf, führt zu einem erhöhten Cholesterinspiegel, steigert das Herzinfarktsrisiko, drückt gefährlich auf die Innereien, kann Zuckerkrankheit, Bluthochdruck oder etwa Fettstoffwechselstörungen hervorrufen und hemmt die Männer erheblich in der Bewegungsfreiheit. Abgesehen davon, dass Übergewichtige keine gute Figur machen, leben sie auch sehr ungesund.

IMPULS

- **Verzichten Sie heute auf ein ausgiebiges Abendessen. Machen Sie stattdessen einen abendlichen Spaziergang und freuen Sie sich darüber, dass Sie Ihrem Körper Gutes tun.**
- **Sie sind der Herr über alles, was in Ihren Mund hineinkommt: Sie bestimmen was und wie viel Sie tagsüber essen. Vielleicht reicht ein Drittel der gewohnten Nahrungsaufnahme schon aus, um satt zu werden?**

3. Entrümpeln Sie Ihre Seele

Wie kann man die Seele entrümpeln? Das ist ganz einfach. Wir setzen eine Wehr vor das Tor unserer Lippen (vgl. Ps 141,3) und lassen nur die Worte heraus, die auch wirklich gut, wahr und nützlich sind. Desgleichen gilt für unsere Gedanken. Wir denken nur das, was uns und der Welt gut tut, was aufbaut, was nützlich und wertvoll ist. Wir verzichten darauf zu grübeln und uns im Selbstmitleid zu suhlen. Wir müssen geduldig mit uns sein, denn die Schritte zur Reife führen uns immer wieder über viele Fehler und lernintensive Phasen der Unreife hindurch. Es gibt leider keinen anderen Weg zum Heil, als den Weg des Unheils und des Leidens.

IMPULS

- **Lesen Sie heute ein gutes Buch, schauen Sie sich einen interessanten, wertvollen Film an oder umgeben Sie sich mit künstlerisch anmutenden Bildern, Liedern, Menschen.**
- **Genießen Sie die Stille und Schönheit in der Natur und geben Sie sich die Zeit, die Sie zum Auftanken und Kraftschöpfen brauchen.**

Wie finde ich zu meiner Identität?

Hans hat viel im Leben erreicht: Er ist zweifacher Vater, seit zehn Jahren verheiratet und leitet eine Firma. Trotzdem fehlt ihm der Plan. Er ist sich oft selbst fremd. Er weiß nicht so recht, wer er wirklich ist, woher er kommt, wohin er geht und wofür das, was er tut, gut sein soll ...

Viele Männer irren – nicht nur in der Krise der Lebensmitte – wie Hans ziemlich planlos umher. Man sieht es ihnen überhaupt nicht an. Sie mögen zwar beruflich vieles erreichen, aber sie vermissen inneren Halt, Orientierung. Ihnen fehlt die Basis und sie merken spätestens wenn sie älter werden oft, dass aller sichtbarer Erfolg auf tönernen Beinen steht. Die Antwort nach unserer wahren Identität wird uns wohl zeitlebens offen bleiben, wir werden sie nicht restlos ergründen und beantworten können. Wir Männer werden nicht nur den Frauen, sondern auch uns selbst ein unergründliches Geheimnis bleiben. Und dennoch lohnt es sich darüber nachzudenken und sich mit diesem Thema eindringlich zu beschäftigen. Vielleicht haben Sie sich auch schon einmal gefragt: Wer bin ich, der da seine müden Augen in den Spiegel blicken lässt? Wer ist es, der da täglich in die Arbeit fährt und wozu? Wer kennt mich, wie ich wirklich bin? Oft genug könnte ich vor mir davon laufen – aus Scham, aus Angst, aus Wut. Aber wohin? Bin ich es, der meinen Namen trägt, oder ist es ein Produkt des Zufalls, eine Laune der Natur? Gibt es meinesgleichen tatsächlich nur einmal auf dieser Welt? Wohin führt mich meine Reise? Werde ich je an meinem Ziel ankommen, wo ich doch nicht einmal weiß, wohin die Reise geht?

Solche Fragen tauchen immer wieder im Leben auf und wenn wir sie nicht mit Lärm, Ablenkung, Arbeit, Materie oder anderen Süchten zuschütten, können sie uns auf Wichtiges und Wesentliches aufmerksam machen:

„Alles Wirkliche ist Begegnung", hat der jüdische Philosoph Martin Buber gesagt. Damit ist wohl zum Ausdruck gebracht, dass wir uns die Antworten auf unsere Fragen nicht selbst geben werden, dass wir sie sozusagen in der Begegnung mit unseren Mitmenschen finden werden. In der Begegnung von Mensch zu Mensch, vom Ich zum Du findet der Mensch seine wahre Identität. Und so reift auch der Mann am Du zum Ich. Auf sehr intensive und erfüllende Weise ereignet sich Begegnung auf sexueller Ebene. In der Hingabe ihrerselbst überschreiten sich Mann und Frau und ent-grenzen sich lustvoll und in großer Freude und Hingabe. Indem der Mann sozusagen von sich weggeht, findet er sich in der Frau und darüber hinaus in der Ekstase – im Außer-sich-Sein – wieder. Er spürt sich, er spürt das Leben, er liebt und weiß sich geliebt. Das stiftet Identität und Zugehörigkeit, nicht umsonst sagt die Frau: „Du bist mein Mann."

Begegnung geschieht jedoch auch auf elterlicher Ebene in der Vater-Sohn- und Vater-Tochter-Beziehung. Männer werden oft erst durch ihre Söhne und Töchter zu richtigen Kerlen, weil sie durch ihre Kinder lernen, Leben weiterzugeben, Leben bedingungslos zu schützen, Leben zu fördern und sich selbst dabei zurückzunehmen.

Aber der Mann ist noch weit mehr als Ehemann und Vater. Er ist mehr als ein Unternehmer, Arbeitnehmer, Freund, Feuerwehr- oder Tenniskumpel. Was ist seine wahre Identität? Was macht ihn wirklich aus? Wann ist ein Mann ein Mann? Ich denke, wir werden erst zur Ruhe finden, wenn wir uns restlos jenem anvertrauen, der uns geschaffen hat, der uns kennt, der unsere Gedanken durchschaut und wie von fern erkennt. Gott kennt uns in- und auswendig, er allein vermag all unsere Sehnsüchte restlos zu stillen. Er ist mit unseren Absichten vertraut, er hat uns schon erkannt und geliebt, als noch kein einziges Wort unsere

Lippen verließ. Wenn wir ihm vertrauen, werden wir immer mehr zu dem Mann, der wir vor ihm immer schon waren. Er ist die verborgene Antwort auf all unsere Fragen und er ist kein Weitweg-Gott. Er ist mitten unter uns, besonders dort, wo wir uns auf ihn und aufeinander einlassen. Er ist kein billiger Lückenbüßer für unsere vielen offenen Fragen, er ist die gute und gültig bleibende Antwort schlechthin, das Alpha und das Omega, der Anfang und die Vollendung, auch unseres eigenen Lebens und wir Männer sind seine geliebten Söhne.

1. Schön, dass ich so staunenswert gestaltet bin

Der Psalmist des 139. Psalms hat einen literarisch hochwertigen Liedtext verfasst. Der Beter erfährt sich als einer, der von Anfang an seinen Ursprung in Gott findet. Dieser Gott ist allgegenwärtig und lässt seine Geschöpfe nicht verloren gehen, er vergisst sie nicht. Der Mensch kommt aus der Ewigkeit und kehrt dorthin zurück. Er ist offensichtlich für Bleibendes geschaffen ...

IMPULS

Meditieren Sie heute ca. 20 Minuten lang die Verse aus dem Psalm 139,13–16:

„Du selbst hast mein Innerstes geschaffen, hast mich gewoben im Schoß meiner Mutter. Ich danke dir, dass ich so staunenswert und wunderbar gestaltet bin. Ich weiß es genau: Wunderbar sind deine Werke. Dir waren meine Glieder nicht verborgen, als ich gemacht wurde im Verborgenen, gewirkt in den Tiefen der Erde. Als ich noch gestaltlos war, sahen mich bereits deine Augen. In deinem Buch sind sie alle verzeichnet: die Tage, die schon geformt waren, als noch keiner von ihnen da war.“

2. Brief an mich selbst

Im Brief an mich selbst nehme ich mich selbst in literarischer Freiheit mit einem gewissen Abstand wahr. Das wird noch gesteigert, wenn ich als mein Namenspatron (oder gar als Gott Vater) über mich schreibe. Es empfiehlt sich, diesen Brief nach mehreren Monaten wieder durchzulesen.

IMPULS

Schreiben Sie einen Brief an sich selbst. Wenn Sie möchten, können Sie sich auch als Ihr eigener Namenspatron ein paar Zeilen schreiben. Wie sieht Sie Ihr Namenspatron? Was gefällt ihm an Ihrem Leben, worauf macht er Sie aufmerksam, was könnten Sie in Zukunft anders machen? Möglich wäre es auch, als Gott Vater über sich selbst zu schreiben. Mit welchen Augen betrachtet Sie der, der Sie liebevoll ins Leben gerufen hat, der Ihnen näher ist, als Sie sich selbst?

3. Sie werden, was Sie denken, tun und reden

Der Mensch ist ein komplexes Wesen aus Körper, Wille, Gefühlswelt, Vernunft und Geist. Vieles, was er ist, bringt er ins gesprochene Wort. Im Idealfall fallen beim reifen Mann Wort und Tat ineinander, wie bei einem Symbol, das dem entspricht, was es bezeichnet. Ein Kuss beispielsweise ist normalerweise eine Liebesbezeugung, kann aber auch zum Verrat am Menschen werden, wenn ich ihn ausnutze oder hintergehe. Dann wären wir nicht authentisch, dann wären wir verlogen und hinterhältig. Wie wir über die Menschen denken, so sind wir schon im Ansatz: Wenn wir gut über sie denken und sprechen, wenn wir ihnen etwas zutrauen, wenn wir ihnen vergebungsbereit begegnen, dann sind wir auf dem Weg, gute, versöhnte Menschen zu sein. Wenn wir sie hassen, ablehnen, wenn wir ihnen Böses wünschen und sie insgeheim verfluchen, haben wir uns auf die andere, dunkle Seite geschlagen. Wir müssen lernen zu unterscheiden zwischen dem Menschen an sich und dem, was er tut. Wenn er offensichtlich andere verletzt oder mutwillig schädigt, ist er dennoch mehr als seine Taten. Wir dürfen darauf hoffen und dafür beten, dass er dieses „Mehr" nicht endgültig verwirkt und wir müssen ihm nötigenfalls mit gebührlichem Abstand begegnen.

IMPULS

Versuchen Sie heute authentisch zu sein. Achten Sie auf gute Gedanken, tun Sie heute erklärt Gutes, erledigen Sie, was zu tun ist, gerne und mit Hingabe. Und haben Sie heute ein gutes Wort für sich und diese Welt übrig.

4. Wer bin ich für dich?

Es gehört eine Menge Mut dazu, einen vertrauten Menschen danach zu fragen, wie er Sie denn sieht. Das geht am Besten in einer angenehmen und vertrauten Atmosphäre. Sie sollten ungestört sein und Sie dürfen damit rechnen, dass die Bindung an die gefragte Person stärker werden könnte ...

IMPULS

Fragen Sie einen lieben Menschen: „Wie siehst du mich eigentlich? Wer bin ich für dich?", und warten Sie ab, welche Antworten Sie bekommen. Sprechen Sie über Ihre guten und weniger guten Eigenschaften. Vielleicht möchten Sie dann ein Gebet sprechen? Es könnte so beginnen: „Gott, ich bin, was ich bin vor dir, nicht mehr, aber auch nicht weniger ..."

Der Mann und die Sexualität

Zwischen Tür und Angel sagt er plötzlich: „Ich komme nicht los von den Bildern. Immer wieder klicke ich auf diverse Seiten, das beschämt mich, das ist nicht gut so." – Anton hat seine Not ausgesprochen, er hat sie vor einem vertrauten Menschen ins Wort gefasst und er ist einen großen Schritt weiter, denn Sexualität ist eine, vielleicht die intensivste Form der Kommunikation …

Wie gesagt hat der Mann sehr oft ein zwiespältiges Verhältnis zu seinem Körper, das kann sich natürlich auch auf sein sexuelles Verhalten niederschlagen. Nirgendwo wird so viel lust- und liebevolle Freude und zugleich auch so viel Leid, Missbrauch und Erniedrigung erfahren, wie im äußerst verwundbaren sexuellen Bereich menschlichen Lebens.

Sexualität ist eine starke männliche Energie, sie ist wie die Aggression eine ungeheure Triebkraft, die natürlich in die richtigen Bahnen gelenkt werden will, die fruchtbar werden will, die sich verschenken möchte und die sich keinesfalls verselbstständigen und somit zur zerstörerischen Macht werden will. Geschlechtlichkeit ist der höchste Trieb, weil er über sich selbst zur Frau hinausweist und schließlich zum Kind. Aber wie geht das? Wie kann ein Mann seine Triebe so ordnen, dass sie ihm dienen, dass sie dem Leben dienen und nicht umgekehrt? Ich denke, dass tatsächlich sehr vieles wieder über die oft angesprochene Reflexion, über die Selbstbesinnung und über den offenen Austausch mit vertrauten Menschen geht. Ein Mann muss wissen, dass eine Frau kein Lustobjekt, sondern ein ebenbürtiger Partner an seiner Seite ist. Ich muss als Mann lernen, dass die Frau kein beliebiges Wunschkonzert darstellt, sondern eine (lebenslange) Aufgabe, eine Verantwortung, der ich nur in aufrichtiger Liebe und Hingabe gerecht werden kann. Das hat auch viel mit männlicher Reife zu tun.

Junge Verliebte wähnen sich oft in ungestörtem Glück, sie verkriechen sich in ihre sexualisierte Zweisamkeit und halten diese für die wahre Liebe. Sie projezieren in den Partner eine Idealvorstellung, der er nie und nimmer entspricht. Und dann folgt, was kommen muss: die große Enttäuschung. Bis zur wahren Liebe, die die Partnerin so nimmt, wie sie tatsächlich ist und die ihr Wohlergehen mitunter über das eigene Wohl stellt, ist es ein langer, weiter Weg. Diesen Weg zu gehen lohnt sich allemal.

Der sexuellen Begegnung geht ein respektvolles und liebevolles Verhalten im Alltag voraus. Wie begrüße ich meine Partnerin, wenn ich nach Hause komme? Bedanke ich mich für ihre vielen Tätigkeiten im Haushalt, helfe ich ihr dabei? Frage ich sie aufrichtig nach ihrem Befinden? Höre ich ihr aufmerksam zu? Nehme ich es anerkennend wahr, wenn sich ihre Frisur oder ihre Kleidung verändert?

Das über einen langen Zeitraum wachsende Vertrauen zueinander schafft die Basis für die gelassene Hingabe der Partner aneinander. Im Bett gibt es dann im Grunde keine Tabus mehr, sofern das beide wollen: Außer der Penetration kann auch die orale oder manuelle Stimulation sehr genussvoll sein. Glied, Scheide und Orgasmus dürfen sein und sie dürfen sehr gut sein. Sex darf als genussvolles Geschenk an die Liebenden erlebt und bis in alle Körperzellen hinein erfahren werden. Ein gepflegter, geseifter und dezent parfümierter Körper steigert dabei das Begehren. Es muss auch nicht immer zu einem Höhepunkt kommen, die Liebe setzt nicht unter Druck und sie kennt eine Vielfalt an Ausdrucksmöglichkeiten, die sich immer wieder verändern können.

Das alttestamentliche Lied der Lieder weiht uns in ein zärtliches Gespräch zwischen zwei Liebenden vor weit mehr als zweitausend Jahren ein: „Wie schön ist deine Liebe, meine Schwester Braut, wie viel süßer ist deine Liebe als Wein, der Duft deiner Salben köstlicher als alle Balsamdüfte. Honigseim tropft von deinen Lippen, Braut, Honig und Milch sind unter deiner Zunge ... Ein verschlossener Garten ist meine Schwester Braut, ein verschlossener Born, ein versiegelter Quell ... Die Quelle des Gartens bist du, ein Brunnen lebendigen Wassers, das vom Libanon fließt. Nordwind, erwache! Südwind, herbei! Durchweht meinen Garten, lasst strömen die Balsamdüfte! – Mein Geliebter komme in seinen Garten und esse von seinen köstlichen Früchten!“ (Hld 4,10-16)

Auch das Buch der Sprichwörter kennt durchaus erotische Züge: „Trink Wasser aus deiner eigenen Zisterne [gemeint ist die eigene Frau], Wasser, das aus deinem Brunnen quillt! Sollen deine Quellen auf die Straße fließen, auf die freien Plätze deine Bäche? Dir allein sollen sie gehören, keine Fremden sollen teilen mit dir. Dein Brunnen sei gesegnet; freu dich der Frau deiner Jugendtage, der lieblichen Hindin [Hirschkuh], der anmutigen Gazelle! Ihre Brüste sollen dich immer berauschen und ihre Liebe dich allezeit betören!“ (Spr 5,15-19) Abschließend seien ein paar Strategien für eine gelungene Sexualität in der Partnerschaft angeführt:

1. Genießen Sie die Sexualität

Sexualität ist ein kostbares Geschenk, das wir dankbar annehmen dürfen. Im Grunde gilt: Wer liebt, dem ist fast alles erlaubt. Die Liebe führt Sie vom Ich ins Wir und erfüllt Ihre Begegnungen mit Zärtlichkeit, Lust und Freude. Legen Sie alles ab, was Sie daran hindert, sich auf die Begegnung mit Ihrer Geliebten zu freuen. Sex macht glücklich, Sie haben keinen Grund, sich dafür zu schämen.

IMPULS

- **Freuen Sie sich auf die Begegnungen mit Ihrer Frau, bereiten Sie sich darauf vor: mit einem Glas Wein, romantischem Kerzenlicht, einem Duftöl ... Lassen Sie Ihrer Fantasie freien Lauf.**
- **Sinnen Sie heute über diesen Vers aus dem Buch Kohelet nach: „Mit einer Frau, die du liebst, genieß das Leben alle Tage deines Lebens voll Windhauch, die er dir unter der Sonne geschenkt hat, alle deine Tage voll Windhauch! Denn das ist dein Anteil am Leben und an dem Besitz, für den du dich unter der Sonne anstrengst." (Koh 9,9)**

2. Meiden Sie alle Formen der Sucht

Die Verlockungen z.B. im Internet sind sehr groß. Widerstehen Sie dem Klick auf unseriöse Seiten. Lassen Sie sich nicht davon täuschen, dass es bei anderen Frauen besser und verführerischer sei, als bei Ihnen zu Hause. So kommen Sie nicht in die Verlegenheit beichten zu müssen oder sich vor sich selbst, vor Ihrer Frau und Kindern schämen zu müssen. Denken Sie an das 9. Gebot, das in abgewandelter Form so lauten könnte: „Du meidest es, Körper zu Lustobjekten zu erniedrigen." Das gilt auch für das Schauen von Pornos oder das permanente Denken an Sex. Sie haben es nicht nötig, sich von außen, außerhalb Ihrer Liebesbeziehung, aufreizen zu lassen.

IMPULS

- **Sprechen Sie über Ihre Gefühle und Neigungen. Reden Sie mit einem vertrauten Menschen, einem Beichtvater, Freund, Seelsorger ... darüber. Fangen Sie immer wieder von vorne an, geben Sie nie auf, der Versuchung zu widerstehen.**

- Richten Sie sich evtl. einen Schutz auf dem PC ein, der es verhindert, dass Sie ungehindert auf diverse Webseiten kommen, denn immerhin sind ca. 25 % der Seitenaufrufe weltweit mit pornographischem Inhalt.

3. Meiden Sie zu hohen Erwartungsdruck

Es muss nicht immer bis zum Äußersten kommen. Niemand zwingt Sie zu sexuellen Höchstleistungen. Vergleichen Sie sich mit niemandem, die Häufigkeit und Regelmäßigkeit der sexuellen Begegnungen bestimmen Sie alleine mit Ihrer Partnerin. Erzwingen Sie nichts. Nur durch das Beschenktwerden durch die Partnerin, durch die Überraschung fantasievoller Zuwendung werden Sie richtig beglückt.

IMPULS

Akzeptieren Sie auch ein klares Nein Ihrer Partnerin. Sie müssen dann nicht beleidigt abziehen. Halten Sie es aus, dass es auch mal Zeiten des Verzichts geben muss.

4. Bedenken Sie stets, dass Gott allein Ihre Sehnsucht stillt

Auch wenn Sex etwas durchaus Erfüllendes und Attraktives sein mag, so ist er dennoch nicht das Ziel und die Vollendung unseres Lebens. Wir dürfen nicht vergessen, dass Gott allein unsere Sehnsucht zur Genüge zu stillen vermag. Jeder andere Gedanke käme einer Vergottung des Irdischen gleich und stürzte uns letztlich ins Unglück. Die Welt kann bei allen Verlockungen und Attraktionen nie ganz halten, was sie verspricht. Denken Sie immer wieder daran, dass Sie „draußen“ Gott nicht finden werden. Erst wenn Sie in sich selbst zurückkehren, werden Sie die Wahrheit in Ihrem Inneren finden, dann sind Sie wirklich fähig zur reifen Liebe.

IMPULS

- **Beten sie heute den Vers: „Nehmt mein Joch auf euch und lernt von mir; denn ich bin gütig und von Herzen demütig; und ihr werdet Ruhe finden für eure Seele." (Mt 11,29)**
- **Lassen Sie sich heute von folgendem Vers durch den Tag begleiten: „Selig die Menschen, die Kraft finden in dir, die Pilgerwege im Herzen haben. Ziehen sie durch das Tal der Dürre, machen sie es zum Quellgrund und Frühregen hüllt es in Segen." (Ps 84,6f.)**

Der Mann und sein Beruf

> Ein pensionierter Lehrer klagt: „Jetzt verliere ich alles, was ich habe. Die Schule war mein Leben. Was soll ich jetzt nur tun? Ich fühle mich meines Lebens, meiner Zukunft beraubt!"

Ich finde es sehr schön, wenn ein Mann in seinem Beruf aufgeht, wenn er darin seine ureigentliche Berufung entdeckt, wenn er seine Begabungen und Talente zur Entfaltung bringt, wenn er gerne arbeitet, für sich und seine Familie sorgt und dabei viel Gutes für die Gesellschaft tut. Bedenklich wird es für mich, wenn er sich nur noch über seine Arbeit definiert, wenn er alles andere dieser Arbeit unterordnet und wenn es außer der Arbeit in seinem Leben nichts mehr gibt.

Viele Männer kompensieren durch übereifriges Schaffen eine schmerzhafte, klaffende Vaterwunde. Das liegt daran, dass sich der Vater nicht automatisch dem Sohn zuwendet, wie es etwa die Mutter aus ihrem natürlichen Antrieb heraus macht. Der Vater erwählt seinen Sohn, er beruft ihn in die Nachfolge oder auch nicht. Der fehlende Vater, die vorenthaltene Vaterzuwendung, die Vaterwunde ist wohl der größte Schmerz, dem man einem Mann zufügen kann. Das kann ihn u.a. in den Übereifer treiben, so nach dem Motto: „Seht alle her, was ich für ein toller Sohn bin." Der Mann buhlt dann z.B. bei seinen Vorgesetzten unbewusst ständig um Anerkennung und wird auf diese Weise manipulierbar und oft auch ausgenutzt. Der Sohn sucht unbewusst die Liebe des Vaters in vielen Autoritätspersonen. Gemeint ist natürlich vor allem der eigene Vater, der jedoch kein lobendes Wort für den Sohn übrig hat. Vielleicht auch deshalb, weil er selbst an einer großen Vaterentbehrung leidet und diese nie richtig aufgearbeitet hat.

Wenn sich die Arbeit verselbstständigt, hat das oft katastrophale Folgen für das Beziehungsleben eines Mannes. Zugegeben ist es in vielen Firmen mittlerweile vielleicht schon gemütlicher als zu Hause, da ist alles geboten: Von der Kinderkrippe über das Mittagessen stehen Ausflüge, Betriebs-Reisen, Betriebsseelsorger, Psychologen, Ruheräume usw. im Firmenangebot. Wen wundert es da, dass manche Männer lieber in der Firma bleiben, anstatt nach Hause zu fahren, wo oft schreiende Kinder und eine überlastete Frau auf sie warten? In der Arbeit ist alles hierarchisch geordnet, das verleiht Sicherheit. Normalerweise weiß der Mann, was auf ihn zukommt, was von ihm erwartet wird, was er zu leisten hat. Aber die Arbeitswelt ist und bleibt nur ein Teil seines Lebens. Wenn ein Mann alles auf diese Karte setzt, ist er sehr verwundbar und instabil. Im Idealfall ruht das männliche Leben auf den Säulen der (Groß-)Familie, der Freunde, der Hobbies und auf der Säule des Ehrenamtes.

Beruf kommt von Berufung. Es ist wirklich wunderbar, wenn ein Mann in seinem Beruf den Ruf Gottes entdecken kann. Wenn er in seinem Beruf seine Fähigkeiten, seine Träume, seine Überzeugung voll und ganz einbringen kann, wenn er Leben berufsbedingt fördert und unterstützt, wenn er dabei auch noch gutes Geld verdient und seiner Arbeit gerne nachkommt. Aus christlicher Sicht ist es schwer vorstellbar, in der Rüstungsindustrie zu arbeiten. Mich würde der Gedanke, dass ich an einem Mordwerkzeug arbeite, das vielen unschuldigen Menschen das Leben kosten könnte, verrückt machen. Auch fiele es mir schwer, als Vertreter für überflüssige Versicherungs- oder Finanzprodukte aktiv zu werden. Wie kann man Menschen guten Gewissens etwas verkaufen, das sie offensichtlich gar nicht brauchen? – Diese Frage würde mich wahrscheinlich quälen und belasten und ich würde wohl oder übel nach einer anderen Arbeit Ausschau halten, hinter der ich voll und ganz stehen könnte, die der Welt einen Nutzen bringt, die das Herz der Menschen erfreut und wenn es „nur“ die professionelle Entsorgung von Müll sein sollte.

Männer wollen anpacken, Männer wollen gestalten, Männer wollen etwas in dieser Welt bewegen, sie möchten einen bleibenden Eindruck in dieser Welt hinterlassen und das können sie nur dann, wenn sie in dem aufgehen, was sie tun, wenn sie sich in einer Sache vergessen, die größer ist als sie selbst. Oder anders gesagt: Männer müssen ihrer Arbeit jenen existentiellen Sinn abringen, der viel mehr mit ihrer inneren Läuterung und Verwandlung zu tun hat, als es der äußere, soziale, caritative, lehrhafte, pädagogische, therapeutische, administrative oder produktive Anschein vermuten ließe.

Es gibt sehr viel zu tun auf dieser Erde. Die Welt schreit nach verlässlichen Ehepartnern, nach guten Vätern, die ihren Kindern ein beständiges, präsentes Vorbild sind, nach professionellen Umweltschützern, nach konstruktiven Friedensstiftern und Diplomaten, nach authentischen Politikern, Lehrern, nach verantwortungsvollen Wissenschaftlern, nach verlässlichen Handwerkern, die für gute Arbeit gutes Geld erhalten, nach gewissenhaften Ärzten, denen das Wohl ihrer Patienten am Herzen liegt, nach Künstlern, die das Gute und Schöne in diesem Leben mit ihren Bildern, Liedern und Bauwerken am Leben erhalten, nach Philosophen und Schriftstellern, die unser Leben auf kluge und poetische Weise ins Wort bringen, nach Journalisten, die sich der Wahrheit verpflichtet fühlen, nach anständigen Bänkern, die sich nicht von der Maxime des Gewinns blenden lassen, nach Industriellen, die Dinge produzieren, die nützlich und wertvoll sind ...

In den folgenden Anregungen können Männer ihre Berufswelt noch einmal neu bedenken:

1. Schauen Sie auf Ihre inneren Beweggründe

Manche Männer sind mit ihrer Arbeit unzufrieden und wollen sie wechseln. Sehr oft halten wir die Änderungen äußerer Umstände für sinnvoll. Dabei übersehen wir gerne, dass vieles an uns liegt, an unseren Motiven, an unserer Einstellung. Diese sind genauer anzuschauen, bevor wir den Beruf oder die Firma wechseln. Wir müssen wissen, dass wir uns überall hin mitnehmen, dass wir selbst die ersten Bekannten sind, die wir im neuen Arbeitsumfeld vorfinden werden. Dann kann sich leicht mancher eingeschlichene Fehler wiederholen und wir haben dieselbe Misere in „grün".

IMPULS

- **Was treibt Sie an, Ihrer Arbeit nachzugehen? Halten Sie sich Ihre Stärken vor Augen und seien Sie ehrlich zu sich selbst, auch das auszusprechen, was nach innerer Verbesserung und Veränderung verlangt.**
- **Schauen Sie genau auf Ihre inneren Antreiber und verwechseln Sie diese nicht mit den vermeintlichen Anforderungen der Firma.**
- **Was fehlt Ihnen in Ihrem Arbeitsleben? Was brauchen Sie? Bedenken Sie, dass Misserfolge und tatenlos empfundene Tage zum Arbeitsleben dazugehören.**
- **Beschreiben Sie die Veränderungen, die Sie erwarten. Was ist zu tun und worauf dürfen Sie konkret hoffen?**

2. Schlägt Ihr Herz für Ihre Firma?

Wenn Ihr Herz an Ihrer Firma hängt, haben Sie einen Riesenbonus in der Arbeitswelt. Dann machen Sie Ihre Arbeit gerne und das ist eine großartige Voraussetzung für Ihre Arbeitsqualität. Wenn Sie authentisch bleiben, müssen Sie niemandem gefallen, sich für niemanden verbiegen und können das tun, was Sie auch sind. Arbeit macht gücklich, wenn sie dem Leben, der Jugend, der Umwelt dient und wenn Sie durch Ihre Tätigkeit eine einmalige Wirkung auf die Welt ausüben.

IMPULS

Lernen Sie, sich mit Ihrer Firma zu identifzieren, ohne dabei Ihre Identität aufzuweichen oder Ihre anderen Standbeine (Familie, Freunde, Hobbies ...) preiszugeben. Suchen Sie das Gespräch mit Kollegen und fangen Sie mit der Firmenerneuerung bei sich an! Verrichten Sie Ihre Arbeit gut und gerne und suchen Sie nach Möglichkeiten, dies auch täglich neu in die Tat umzusetzen.

3. Sie dürfen erlöst arbeiten

Vergessen Sie nicht, dass erlöste Arbeit glücklich macht und in ein selbstständiges, kreatives Leben auf vielen Beinen befreit. Arbeiten Sie daran, dass Ihre Arbeitsbedingungen Ihre Kreativität und Lebensfreude fördern. Verschiebungen in der Work-Life-Balance und krankmachende Umstände wie permanente Leistungsüberforderungen oder Intrigen zerstören gute Arbeitsbedingungen, lassen Machenschaften und Burnouts wuchern und schaden auf Dauer der ganzen Firma.

IMPULS

- Lassen Sie sich von diesen Bibelversen inspirieren:
  - Daher war der HERR mit ihm; in allem, was er unternahm, hatte er Erfolg. (2 Kön 18,7)
  - Nachdem Salomo das Haus des HERRN und den königlichen Palast vollendet und alle seine Pläne für das Haus

des HERRN und seinen Palast verwirklicht hatte, erschien ihm der HERR [...] (2 Chr 7,11f)

- Für die Redlichen hält er Hilfe bereit, den Rechtschaffenen ist er ein Schild. (Spr 2,7)
- Selig der Mann, der nicht nach dem Rat der Frevler geht, nicht auf dem Weg der Sünder steht, nicht im Kreis der Spötter sitzt, sondern sein Gefallen hat an der Weisung des HERRN, bei Tag und bei Nacht über seine Weisung nachsinnt. Er ist wie ein Baum, gepflanzt an Bächen voll Wasser, der zur rechten Zeit seine Frucht bringt und dessen Blätter nicht welken. Alles, was er tut, es wird ihm gelingen. (Ps 1,1-3)

- Nehmen Sie sich nicht zu viel vor, das könnte zur Ausrede für anstehende Veränderungen werden. Schreiben Sie jedoch ein Vorhaben, das zur erlösten, befreiten Arbeit beitragen soll, auf ein Blatt. Legen Sie dies in Ihre Brieftasche und folgen Sie Ihrem Vorsatz eine Arbeitswoche lang.

Von der Vaterwunde

Mit den Worten: „Du bist nichts, du kannst nichts und du hast nichts!", wurde Stefan von seinem unberechenbaren und zur Brutalität neigenden Vater geschlagen. Als Draufgabe hörte er oft die Frage: „Wie könntest du uns je eine Freude bereiten?" Jahrzehntelang haben ihn diese verletzenden Worte am Leben gehindert. Er nahm sie wie einen bleiernen Rucksack überallhin mit. Sie hemmten ihn in seiner Ehe, in seinem Arbeitsleben. Erst als er den Mut aufbrachte, über seine Wunden mit erfahrenen Männern zu sprechen, begannen sie langsam zu heilen ...

Wahrscheinlich ist es das, was die Welt heute so dringend braucht: erfahrene Männer. Männer, die aus der Wirklichkeit kommen und die Menschen liebevoll und klar dorthin entlassen. Man sagt auch Heilige zu ihnen und es gibt sie wirklich. Es sind versöhnte, fehlbare, zufriedene Männer. Männer die im Einklang leben mit sich und ihrem Umfeld. Man könnte sie auch Mystiker nennen, weil Gott ihre ganze Freude ist. Ihn zu suchen und immer wieder zu finden ist ihre allergrößte Leidenschaft. Wer einem von ihnen je begegnet ist, der wird von innen her verwandelt und geheilt, der ist ein Anderer geworden.

Nicht jedem Mann ist es geschenkt, einem Mystiker zu begegnen. Sehr viele Männer füllen ihr Vatervakuum mit chemischen Substanzen, mit Tabletten, Drogen, mit Alkohol, mit unkontrollierten Aggressionen, mit autoaggressiver Selbstzerstörung mit vielen Arten von Krankheiten, Süchten, Abhängigkeiten und schlechten Angewohnheiten.

Manchmal höre ich Schüler sagen: „Mein Vater ist für mich gestorben, ich will ihn nie mehr sehen." Was ist einem jungen Menschen widerfahren, dass er die erste und wichtigste männliche Bezugsperson seines Lebens nie mehr sehen möchte? Sehr oft sind die pubertierenden Jungen Träger von Botschaften verletzter Mütter und Ehefrauen. Aber immer wenn solche oder ähnliche Worte an mein Ohr dringen, weiß ich, dass hier eine offene Wunde zutage tritt, eine Verletzung, eine Demütigung, die man auch mit dem Wort „Vaterwunde“ wiedergeben kann.

Väter, die ihrer Aufgabe durch Fürsorge und Präsenz nicht gerecht werden, Väter, die ihre Macht am Sohn missbrauchen, Väter, die an den Müttern ihrer Söhne Gewalt anwenden, Väter, die sich – aus welchen Gründen auch immer – ihrer Vaterrolle entziehen, Väter, die die Mütter ihrer Söhne betrügen, fügen ihren Söhnen ungeheuren Schaden zu. Söhne brauchen Väter und sie brauchen präsente, greifbare, streitbare und führungsbereite Väter. Sonst laufen sie Gefahr, zu Softies, Machos oder unglücklichen Nicht-Frauen heranzuwachsen. Woran sollen sie sich orientieren, an wem sollen sie sich reiben, wem sollen sie bewusst oder unbewusst nacheifern, wenn der Vater permanent versagt oder gänzlich fehlt? Sie wollen natürlich nicht werden, wie die Mutter, aber sie finden keine männliche Urform, in die sie hineinreifen könnten, wenn diese wegbleibt.

Wir Männer müssen nach Wegen suchen, die uns mit unseren Vätern versöhnen, die uns mit dem Vater ins Reine bringen, sonst werden wir unseres Lebens nicht wirklich froh werden. Das ist eine sehr schwierige, aber überaus beglückende und heilsame Aufgabe, die wir nicht alleine bewältigen werden. Wir brauchen Männer, die uns durch diesen Prozess begleiten, Männer, die selbst zu gereiften Vätern geworden sind, zu „Königen“, die über ein weites Königreich gebieten, in dem viele verlorene Menschen Heimat finden dürfen. Zum Glück ist heutzutage an vielen Orten kirchliche Männerarbeit geboten. Sie schafft Räume für einen heilsamen Austausch unter Männern. Man sagt, dass man sich keinen männlichen Mentor sucht, sondern, dass er einem gefunden wird, vorausgesetzt man ist offen und aufgeschlossen für den Aufbruch in ein neues, befreites und verantwortungsvolles Leben. Ich persönlich habe viele gute männliche Mentoren kennengelernt, ich kann sie nicht an einer Hand abzählen und ich weiß, dass ich diese vielen prägenden Erfahrungen längst schon an mir anvertraute Menschen weitergebe. So ist das Leben: geben und empfangen – ein ständiger Kreislauf des Werdens und Vergehens.

Die Vaterwunde ist heilbar und wenn sie verheilt, dann wird sie zum Kraftort für ungeheure väterliche Energien, dann wird sie zum Kraftwerk männlicher Liebe und Fürsorge. Das ist die große Vision des verletzten Mannes: seine Vaterwunde wird ihm zur Perle, zur Straße in die Freiheit eines gelingenden und glücklichen Mannseins.

Die abschließenden Überlegungen bieten konkrete Handlungsoptionen für lebenshungrige Söhne:

1. Leben Sie mit Ihrem Vater versöhnt?

Es ist klug und heilsam, sich mit den Menschen zu versöhnen, anstatt sie schlecht zu reden, abzulehnen oder im Extremfall zu hassen. In besonderer Weise gilt das für unsere Väter, ohne deren Segen unser Leben nicht wirklich gelingen kann. Die Bindung an den Vater ist viel stärker, als wir dies vermuten. Es ist wirklich sinnvoll, ihm jene Ehre zu geben, die ihm als Vater in jedem Falle gebührt. Wenn Ihr Vater bereits verstorben sein sollte, bleibt Ihnen immer noch die Möglichkeit, für ihn zu beten.

IMPULS

- Gehen Sie den Fragen nach: Was fühle ich, wenn ich an meinen Vater denke? Wofür möchte ich ihm danken? Was muss ich noch mit ihm klären? Sprechen Sie es aus, was noch zwischen ihnen liegt.
- Suchen Sie nach Männerangeboten in Ihrer Diözese, Sie werden Passendes finden. Und wenn nicht, dann stellen Sie selbst eine Männerrunde mit einem guten Freund auf die Beine.

2. Sind Sie selbst ein guter Vater?

„Vater werden ist nicht schwer, Vater sein dagegen sehr", Sie kennen diesen Spruch. Das Wühlen und Suhlen in unseren Wunden bringt uns nicht weiter. Unsere Präsenz als Vater, als Vorgesetzter, als Firmenchef, als Politiker, als Ordensmann, der sich um andere kümmert, ist jetzt schon gefragt, sie duldet keinen Aufschub und lässt sich nicht auf morgen verschieben, geschweige denn an andere delegieren.

IMPULS

- Wie können Sie heute Ihrer väterlichen Aufgabe in dieser Welt gerecht werden?
- Ihre Söhne sind die Pfeile, die Sie ausgesandt haben, sie sind ein Teil Ihrer selbst . Behandeln Sie sie gütig und mit jener Stärke und Führung, die Sie gerade jetzt brauchen.

3. Vater unser im Himmel

„Abba, Vater", nennt Paulus Gott im Brief an die Galater (Gal 4,6). Hier befindet sich das kürzeste Vaterunser in der Bibel. Gott wird in der hebräischen Bibel auch mit der Wiege der Frau, mit ihrer Gebärmutter (hebr. *rehem/rahamim*), dem Wort für Erbarmen, in Verbindung gebracht. Aus der *rehem* geht alles Leben hervor. Das Erbarmen ist die Mutter des Lebens und „Abba“ ist das aramäische Wort für Gott, den wir auch als unseren lieben „Vati“ anrufen dürfen. Vielleicht nennt Jesus Gott im „Herrengebet“ seinen und unseren Vater, weil die Welt diesen Vater so dringend braucht, weil es zu wenig ist, von der Mutter selbstverständlich gewollt zu sein? Männer wollen auch von ihren Vätern ausdrücklich absichtslos wahrgenommen und in die Pflicht genommen werden. Vielleicht braucht die Welt vom Vater erwählte Männer, die tun, was er ihnen sagt?

IMPULS

- **Beten Sie zu Gott, unserem Vater, dass er Ihnen gibt, was Sie brauchen.**
- **Meditieren Sie heute in aller Ruhe das „Vaterunser“ und bedenken Sie in großer Dankbarkeit, was Gott Ihnen und Ihrem Umfeld bereits alles an Gutem getan hat.**

Leben in der Wirklichkeit

> Ich fragte ihn: „Was muss ich tun, um endlich einen bleibenden Sinn in meinem Leben zu finden?" Und der Alte antwortete mir: „Nimm dein Leben, nimm dein Fehlen wie es ist. Nimm es an, lass alles los, wach auf in die Wirklichkeit und du wirst erkennen, wie schön und kostbar dieses Leben ist. Dein wird die Freude sein und sie wird kein Ende mehr nehmen!"

Es hat lange gebraucht, bis ich den Alten verstanden habe. Aber heute bin ich davon überzeugt, dass der tiefliegende Grund und Boden unseres Lebens tatsächlich die reine, ungetrübte Freude ist. Gott hat die Welt sehr gut geschaffen und gut ist demnach ein Leben, das diesem Ursprung entspricht. Wahrscheinlich ist das, was uns von der vollkommenen Freude am Leben trennt genau dasselbe, das wir mit Sünde bezeichnen: Wir sondern uns von Gott, der Freude in Fülle, ab, wir gehen unsere eigenen verschlungenen Wege der Selbstsucht und der Selbstgefälligkeit. Wir verirren uns in die Lockungen des Bösen, das uns fasziniert, beeindruckt und dauerhaft doch nichts anderes hinterlässt als gähnende Leere, Trübsinn, Scham, Stumpfsinn und Traurigkeit. Wir sind sozusagen zugemüllt mit falschen Versprechungen, mit Göttern, die wir uns selbst errichten. Das kann der Tanz um das goldene Kalb des Geldes oder der Arbeit sein, das kann aber auch eine unersättliche, gierige Jagd nach Welt, Materie oder Genuss aller Arten sein. Auch das ist per se nicht schlecht, aber wenn es sich verabsolutiert und verselbstständigt, wenn es den Mann besetzt und gefangen nimmt, hört er auf zu lieben und zu teilen, weil er sich selbst der Nächste und einzig Wichtige geworden ist.

Die Frage ist nun: Wie kommen wir aus diesem Albtraum heraus, wie können wir in die Wirklichkeit hinein aufwachen? Wie bleiben wir in ihr? Ich persönlich bin davon überzeugt, dass der einzig wahre Weg zur Wirklichkeit über das (ungerechte) Leiden, über Verluste, Ängste und viele Niederlagen führt. Im Schmerz werden wir auf die elementaren Lebensfragen zurückgeworfen, die da lauten: Was ist der Sinn meines Lebens? Was bleibt, angesichts der Vergänglichkeit in dieser Welt? Wie finde ich trotz der Brüchigkeit meines Daseins zu einem verlässlichen und haltbaren Lebensentwurf zurück? Wir Christen nennen diese Erfahrung das Kreuz. Im Kreuz geraten unsere Lebensmodelle radikal ins Wanken. Im Leiden müssen wir lernen, neue Wege zu beschreiten, andere Wege zu gehen, wie wir sie bisher noch nicht gekannt haben. Hinter dem Kreuz lebt die Hoffnung auf eine große Lebenswende, auf Erleuchtung, auf ein Ende der Enttäuschung, die uns das Leben bereitet hat. Das Kreuz sagt uns, dass dieses Leben verletzlich und endlich ist. Wenn wir dies langsam akzeptieren, wachen wir in die Wirklichkeit auf. Wir werden zu Erleuchteten, zu Erwachten, zu tiefgründigen Menschen, die ihren Halt nicht mehr im oberflächlichen, seichten Schein finden, sondern in Gott, dem Lebendigen, in Christus, dem Auferstandenen.

Die Freude wird unser Leben bestimmen, das Evangelium, die frohe Botschaft. Wir werden fehlen und fallen, aber wir werden auch immer wieder in diese ungetrübte, vollkommene Freude hinein aufwachen. Männer, die die Präsenz Gottes in dieser Welt leugnen, müssen sich gehörig anstrengen. Seine Freude wird uns nämlich durch die Nacht der Zweifel und Einsamkeit leiten, sie wird einer Fackel gleich, den Weg im Finstern weisen. Diese Freude wird man uns ansehen. Wo auch immer wir uns befinden mögen, werden wir ein Stück Heiterkeit hinterlassen.

Diese Freude ist gewissermaßen wie die Luft, die wir atmen und zugleich wie der Boden auf dem wir gehen, die Freude ist zur Realität schlechthin geworden, alles ist gut, weil es so ist, wie es ist. Diese geläuterte Freude kommt aus dem Schmerz der Welt, sie sprengt Repression und Unrecht, wo immer sie auftaucht, sie fließt wie ein Gnadenstrom aus den Wunden des Gekreuzigten und es ist für alle Männer dieser Welt mehr als genug davon vorhanden ...

1. Es geht nicht nur ums Tun

Primär geht es nicht ums Tun, wenn wir in die Realität aufwachen wollen. Wir können uns die Wirklichkeit nicht verdienen und auch nicht erarbeiten. Sie ist vielmehr eine Erkenntnis, ein Vernehmen, ein Horchen an der Schwelle zum verlorenen Paradies. Auch die Worte, Gesetze und Gebote helfen uns nicht wirklich weiter. Sie sind bestenfalls Krücken in eine neue Welt, zu der wir nur mit sehr viel Liebe von außen und innen zugleich auferweckt werden. So gesehen ist es also ein Geschehen-Lassen, ein Zulassen, welches einem großartigen Vertrauensbeweis gleichkommt. Es ist nämlich ein Anderer, der an uns handelt.

IMPULS

Wenn nun unser Tun zweitrangig ist, geht es primär um unser Sein als Mann. Wie wollen Sie sein? Wer möchten Sie denn sein? Begeben Sie sich in diese Vorstellungen und lassen Sie sich berühren von jenem Hauch von Freude, der Sie zu neuem Leben erweckt.

2. Lassen Sie sich führen

Das Geheimnis im Leben besteht darin, sich selbst, sein Ego, seine Wunschvorstellungen, seinen Besitz, seinen Erfolg und alle seine Errungenschaften und vorweisbaren Leistungen gering zu achten. Es geht jetzt nicht mehr um Sie persönlich, Sie verschwinden in einer Wolke der Ergriffenheit in eine Lebensqualität, die Sie dorthin führt, wohin Sie zunächst nicht wollen. Das ist also nicht immer nur ein erbaulicher Prozess, er kann mitunter sehr schmerzhaft sein, aber er wird uns immer und ausnahmslos in die absolute Freiheit geleiten.

IMPULS

Sie werden es nicht schaffen! Es sei denn, Sie verzichten auf alle Ansprüche und Erwartungshaltungen und lassen sich von jenem Geheimnis führen, aus dem Sie kommen und auf das Sie jetzt schon zugehen. Bleiben Sie wachsam und warten Sie ab, was an Ihnen geschieht!

3. Bleiben Sie in der Freude

Wenn Sie die unvorstellbare Freude erfahren dürfen, dann sind Sie dort gewesen, dann wissen Sie, was mit Wirklichkeit in Wahrheit gemeint ist, dann haben Sie es am eigenen Leib erfahren. Nichts und niemand kann Ihnen jemals diese Erfahrung nehmen und doch werden Sie diese immer wieder missen, damit Sie täglich neu zur Echtheit eines befreiten Lebens auferstehen, damit Sie nicht müde werden, diese Freude Tag für Tag zu leben und weiterzugeben, damit Sie nicht vergessen, dass sie da ist, auch wenn es stockfinster in Ihrem Leben geworden ist.

IMPULS

Die Freude ist der Gradmesser und *das* Kriterium unseres Seins. Sie fließt wie ein frisches, reines Quellwasser aus den Wunden unseres Lebens. Wenn Sie diese Freude nicht bis in die Zehenspitzen hinein spüren, sind Sie noch nicht zur Wirklichkeit aufgewacht. Bleiben Sie offen und empfänglich für Gottes Flow. Zur Freude und zur Extase sind wir geschaffen. Manches davon wird uns erst im Nachhinein bewusst. Vielleicht gelingt es Ihnen, das Ihnen Widerfahrene im Rückblick als äußerst positiv und gewinnbringend zu bewerten?

Schlusswort

Sie haben sich jetzt durch dieses Buch gearbeitet und sind vielleicht auch auf der einen oder anderen Seite fündig geworden. Sie werden immer mehr lernen, Ihren eigenen Erfahrungen zu trauen und diese in die Tat umzusetzen, denn das ist das einzige, worauf es im Christentum wirklich ankommt: die getane Liebe, das erfüllte Wort, der gelebte Traum. Alles andere wäre reine Zeitverschwendung, weil Sie sich dann nicht in der Fülle der Zeit befänden, sondern in einem Vakuum, in einer Leere, die man letztlich nur mit Weltenabfall – wie zum Beispiel Geld, Erfolg, Ruhm – füllen könnte, der aber keinen bleibenden Wert hat.

So wünsche ich Ihnen einen guten Weg. Ich wünsche Ihnen nicht, dass Sie keine Sorgen und Probleme mehr haben, ich wünsche Ihnen auch nicht, dass Ihnen alles gelingt. Ich wünsche Ihnen einen guten Weg, bleiben Sie auf diesem Weg, fallen Sie, machen Sie Fehler, aber machen Sie etwas, stehen Sie wieder auf, gehen Sie weiter. Das ist unsere Bestimmung …

Autor

Dipl.-Theol. Christian Kuster, geb. 1965 in Klagenfurt a.W., hat in Salzburg, Jerusalem und Graz studiert. Er ist Religionslehrer und arbeitet seit vielen Jahren als Referent für Männerarbeit. Er hat schon etliche Bücher zu diesem Thema publiziert. Mit seiner Familie lebt er in Großkarolinenfeld bei Rosenheim, wo er seit 12 Jahren die offene Männerrunde leitet.